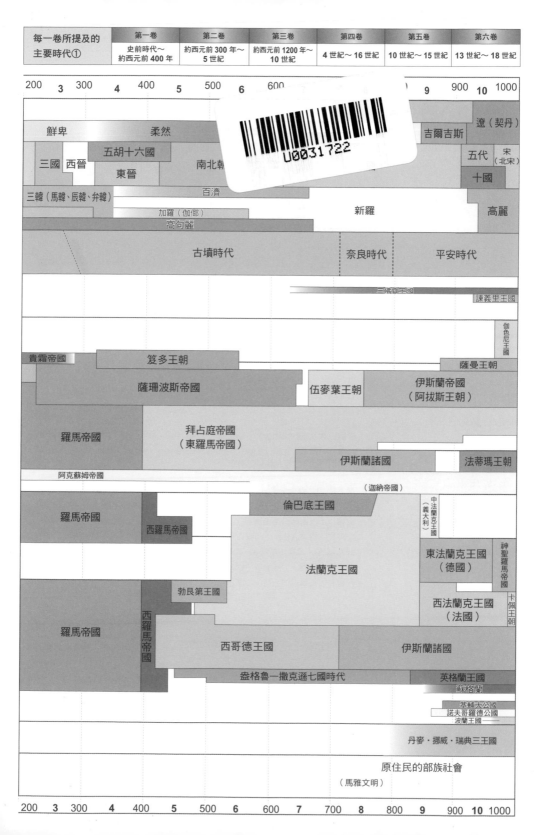

第 ⑥ 卷提供協助的諸先進

監修
早稻田大學文學學術院 教授
早稻田大學埃及學研究所 所長
近藤二郎

漫畫
城爪草

原作
南房秀久

裝訂、內文設計
修水

解說插畫
Plough21

提供照片、資料及協助（全系列）
山田智基・PPS通信社／amanaimages／時事通信社／時事通信PHOTO／
每日新聞社／AFP／EPA／Bridgeman Images／C.P.C.Photo／學研資料課

主要參考資料等
世界歷史（中央公論新社）／圖像版 世界歷史（白揚社）／圖說 世界歷史
（創元社）／詳說 世界史研究／世界史用語集／世界史人名辭典／詳說 世界
史圖錄（以上為山川出版社）／PUTZGER歷史地圖（帝國書院）／角川 世界
史辭典（角川書店）／世界史年表・地圖（吉川弘文館）／世界巨匠系列 米開
朗基羅 等（美術出版社）／李奧納多・達文西與「安吉亞里戰役」展圖錄（東
京富士美術館）／哥倫布 追求黃金、神與榮耀（河出書房新社）／紫禁城的西
洋畫家（大學教育出版）／歷史群像系列 大唐帝國（學研）　其他不及備載

編輯協助
MERU PLANNING

解說編輯協助及設計
Plough21

校閱・校正
聚珍社

編輯人員（學研PLUS）
小泉隆義／高橋敏廣／渡邊雅典／牧野嘉文

:: 監修
　早稻田大學文學學術院 教授
　早稻田大學埃及學研究所 所長
　近藤二郎

:: 漫畫
　城爪草

:: 原作
　南房秀久

:: 翻譯
　李彥樺、卓文怡

:: 審訂
　成功大學歷史學系 專任教授
　翁嘉聲

NEW

全彩漫畫

世界歷史

World History

6

文藝復興與大航海時代

本書注意事項

① 「時代總結」中的各符號代表意義：血→世界遺產、📖→重要詞句、👤→重要人物、🗿→美術品、遺跡。

② 「時代總結」中的重要詞句以粗體字標示，附解說的重要詞句以藍色粗體字標示。

③ 同一語詞若出現在兩處以上，將依需要標注參考頁碼。

④ 年代皆為西元年。西元前有時僅標記為「前」。11世紀以後的年代除了第一次出現外，有時會以末尾兩位數標示。

⑤ 人物除了生卒年之外，若是王、皇帝或總統，會標記在位（在任）期間，標記方式為「在位或在任期間○○～○○」。

⑥ 國家或地區名稱略語整理如下：

英：英國／法：法國／德：德國／義：義大利／西：西班牙／奧：奧地利／荷：荷蘭
普：普魯士／俄：俄羅斯／蘇：蘇聯／美：美利堅合眾國／加：加拿大／土：土耳其
澳：澳洲／印：印度／中：中國／韓：韓國（大韓民國）／朝：朝鮮／日：日本／歐：歐洲

給家長的話

本書中的漫畫部分雖盡量忠於史實，但有些對話、服裝與背景已無佐證資料，因此在編劇與描繪上以吸引孩子的興趣為主要考量。漫畫中提及的典故、年號或名稱經常有不同說法，本書盡可能採用一般人較熟悉的說法。若有艱澀難懂的詞句，會在欄外加入解說。值得注意的是，有些詞句或表現方式在現代人眼中帶有歧視意味，但為了正確傳達當時社會狀況，將依情況需要予以保留。

1　鄂圖曼帝國的發展

西元14世紀，
伊斯蘭世界出現了新霸主——
鄂圖曼帝國，其勢力不斷地往
西方擴張。

第一次十字軍東征

塞爾柱王朝

西元11世紀，
稱霸東伊斯蘭圈且獲得蘇丹＊1
稱號的塞爾柱王朝＊2，在西元
1096年大敗於第一次十字軍
東征＊3……

*2 塞爾柱王朝（西元1038～1194年）：由突厥裔穆斯林所建立的政權。

塞爾柱王朝內部因
爭權奪勢而分裂，

蒙古帝國

君士坦丁堡

羅姆塞爾柱王朝

敘利亞
塞爾柱王朝

伊拉克
塞爾柱王朝

巴格達

克爾曼
塞爾柱王朝

塞爾柱王朝
最大版圖

到了西元14世紀，最後一
個分裂王朝羅姆塞爾柱王
朝也遭蒙古帝國＊4消滅。

從前受蘇丹統治的
君侯各自覬覦下一
個統治者地位。

現代還有不少統治者自稱「蘇丹」，如阿曼國王、汶萊國王，以及馬來西亞九個州的統治者。其中馬來西亞的九位蘇丹會進行選舉，選出馬來西亞王（事實上為輪流當選）。

小知識

*3 十字軍東征：歐洲基督教勢力為了奪回遭伊斯蘭占領的耶路撒冷而發動的軍事遠征。
*4 蒙古帝國（西元1206～1388年）：由成吉思汗在歐亞草原地區建立的巨大帝國，又稱大蒙古國。
*5 鄂圖曼一世（西元1258或1259～1326年）：或譯奧斯曼一世，鄂圖曼帝國的開國君主。率領突厥裔戰士建立國家。

鄂圖曼一世*5也是其中之一。

西元1299年，他率領民眾脫離安那托利亞*6的羅姆塞爾柱王朝，建立鄂圖曼帝國。

*7 穆拉德一世（西元1319或1326~1389年）：鄂圖曼帝國第三代蘇丹。

到了第三代的穆拉德一世*7時期，領土拓展至巴爾幹半島，之後穆拉德一世卻在塞爾維亞遭到暗殺*8。

尼科波利斯　巴爾幹半島　保加利亞　君士坦丁堡　黑海　布爾沙　愛琴海　科尼亞（康亞）

■ 鄂圖曼帝國的領土1361年
□ 鄂圖曼帝國的領土1389年

*8 當時塞爾維亞是位於巴爾幹半島中西部的基督教國家。西元1389年，穆拉德一世在科索沃戰役中獲勝，卻在接見詐降的塞爾維亞貴族時遭暗殺。

西元1389年，穆拉德一世的兒子巴耶塞特一世*9即位，國內政局恢復穩定。

他往北方擴張領土，攻打匈牙利*10和瓦拉幾亞*11，並包圍拜占庭帝國*12的首都君士坦丁堡*13。

*9 巴耶塞特一世（西元1360~1403年）：鄂圖曼帝國第四代蘇丹。

*10 匈牙利：當時為位於歐洲中央的基督教王國。

*11 瓦拉幾亞：當時為位於羅馬尼亞南方的基督教公國。

*12 拜占庭帝國（西元395~1453年）：東羅馬帝國的別稱。在羅馬帝國分裂後統治東半邊。首都為君士坦丁堡。

*13 君士坦丁堡：受鄂圖曼帝國統治後改名為伊斯坦堡。鄰近連結黑海與愛琴海的博斯普魯斯海峽。

這時基督教各國都派出了十字軍，但匈牙利國王和德、法等國諸侯為天主教徒，擅長與突厥軍隊交戰的瓦拉幾亞公國米爾恰一世卻是希臘正教徒，因此十字軍從一開始就如同一盤散沙。

羅馬教宗鮑尼法斯九世*1 大為震驚，於是再度召集十字軍*2。

文策爾

西元1396年，各地紛紛響應，如西吉斯蒙德*3 率領的匈牙利軍、米爾恰一世*4 率領的瓦拉幾亞軍、

西吉斯蒙德

勃艮第公爵公子 約翰

率領神聖羅馬帝國*5 軍隊的文策爾*6，

米爾恰一世

和法國勃艮第公爵之子約翰*7，

*5 神聖羅馬帝國（西元962～1806年）：建立於薩克森王朝奧托一世即位之後。相當於中世至近世的德國。

以及許多來自歐洲各地的軍隊。

*6 文策爾（西元1361～1419年）：盧森堡家族出身的神聖羅馬帝國皇帝。西吉斯蒙德為文策爾的同父異母弟弟。

*7 約翰（西元1371～1419年）：勃艮第公國（位於現今法國東部至德國西部）的公爵之子，西元1404年即位為約翰一世。 *8 尼科波利斯：保加利亞北方多瑙河沿岸的重要軍事據點。

歐洲聯軍與鄂圖曼軍隊，

在鄂圖曼占領的
尼科波利斯*⁸城附近
大戰了一場。

讓中央部隊往後退，

別讓敵人發現是陷阱。

小知識

後來成為勃艮第公爵的約翰，在尼科波利斯一戰中絲毫不畏懼敵人，因此得到「無畏公」的綽號。事實上瓦拉幾亞公國的米爾恰一世曾建議攻擊前先派輕騎兵進行偵察，但約翰不採納，結果大敗而遭俘虜。

衝啊！

咚達

咚達

敵人害怕了！

咚達

咚達

咚達

糟糕！

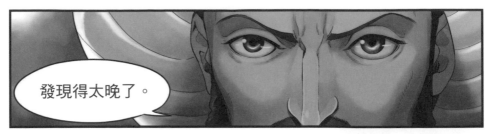

發現得太晚了。

巴耶塞特所率領的精銳部隊「耶尼切里軍團」*包圍了約翰。

攻擊！

該死！

卑鄙的傢伙！

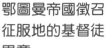

鄂圖曼帝國徵召征服地的基督徒男童，

逼迫他們改信伊斯蘭，並訓練成一支絕對服從的軍隊，稱為「耶尼切里軍團」。

約翰最大的敗因就在於小看這支軍隊。

為了提高團結力，耶尼切里軍團的士兵們從小吃同一個大鍋裡的食物，同乘烏斯克夫（一種特殊的帽子）上，若是正式的場合則會將湯匙換成羽毛，因此軍團徽章為大鍋和湯匙的圖案。據說士兵們在上戰場時會將自己的湯匙插在

刷刷刷刷

此外，

嘰嘰

巴耶塞特的軍隊完全聽從司令官的指揮，

相較之下歐洲聯軍卻是為了個人名譽而各自作戰。

這種守舊的交戰方式非常不利，

種種結果導致歐洲聯軍一敗塗地。

* 耶尼切里軍團：「耶尼切里」的意思是「新軍」，是以徵召鄂圖曼帝國境內基督教兒童，強迫改信伊斯蘭，給予密集的軍事訓練，所形成的精銳常備軍。

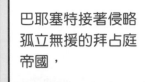

喔喔 喔喔

巴耶塞特在這場戰爭中大獲全勝，

當時早已失去權勢的阿拔斯王朝[1]哈里發[2]的子孫因而贈與他蘇丹的稱號。

*3 安卡拉：位於安那托利亞半島中央的城市，現今土耳其共和國首都。

巴耶塞特接著侵略孤立無援的拜占庭帝國，

拜占庭帝國
君士坦丁堡
鄂圖曼帝國
安卡拉

*4 帖木兒（西元1336～1405年）：中亞伊斯蘭國家帖木兒帝國的建立者。自稱是成吉思汗的子孫，但事實上出生於西察合臺汗國的小貴族之家。

*2 哈里發：伊斯蘭領袖的稱號，象徵著伊斯蘭創始人穆罕默德的繼承人兼代理人。

*1 阿拔斯王朝（西元750～1258年）：建立者為阿布・阿拔斯。王朝的哈里發子孫此時投靠了馬姆魯克王朝（見20頁），但依然擁有宗教上的重要地位。

沒想到東方竟然出現了意料之外的勁敵。

西元1402年 安卡拉[3]之戰

那就是企圖復興蒙古帝國的——

帖木兒[4]大軍。

當時帖木兒年事已高，且不良於行[5]，

但騎在馬上卻勇猛得像變了一個人。

*5 帖木兒在戰場上受過傷而行動不便，因而被稱為「跛子帖木兒」，這句話在希臘語中的發音為「提木里蘭格」，到了西歐音訛為「塔梅魯蘭」。

鄂圖曼的軍隊在東歐所向無敵，連十字軍也不是對手，

沒想到卻徹底敗給了帖木兒軍，

連巴耶塞特也遭俘虜。

巴耶塞特在交涉贖金的過程中去世，

兒子穆罕默德一世*6即位，後來又傳給其兒子穆拉德二世*7。

歲月流逝，

穆拉德二世的兒子穆罕默德二世*8也成為蘇丹。

穆罕默德二世繼承曾祖父的遺志，企圖攻打拜占庭帝國，

但一直沒有成功。

君士坦丁堡

*8 穆罕默德二世（約西元1432～1481年）：鄂圖曼帝國第七代蘇丹。消滅了拜占庭帝國，讓鄂圖曼帝國的勢力大幅提升。

穆罕默德二世即位後，將有可能引發繼承權紛爭的年幼弟弟和姪子都殺死。伊斯坦堡的托普卡匹皇宮深處有一間名為「黃金鳥籠」的房間，便是專門用來監禁有繼承權的王室成員的地方。伊斯蘭法學者默認此殘酷行為，認為這麼做「有助於社會安定」，因此成為鄂圖曼王室的慣例。

*6 穆罕默德一世（西元？～1421年）：鄂圖曼帝國第五代蘇丹。巴耶塞特一世去世後，穆罕默德一世成功讓分裂的帝國再度統一。
*7 穆拉德二世（西元1404～1451年）：鄂圖曼帝國第六代蘇丹。曾包圍君士坦丁堡，亦曾與歐洲軍交戰。

君士坦丁堡的包圍戰中，鄂圖曼軍使用的是匈牙利技師奧巴所發明的巨炮，炮管長約8公尺，直徑75公分，雖然巨大，但命中率很低，而且石彈從裝填到發射要花三小時。鄂圖曼軍連續炮擊了數天，卻只砸毀了城牆的一小部分。

君士坦丁堡周圍有巨大的「狄奧多西城牆」*1，

轟隆

就算遭炮彈擊中，損傷也相當輕微。

唯有面對金角灣*2方向的城牆比較薄弱。

君士坦丁堡

金角灣

馬爾馬拉海

---

*1 狄奧多西城牆：由拜占庭帝國皇帝狄奧多西二世下令興建的巨大城牆，從馬爾馬拉海到金角灣之間的長度約7公里。

*2 金角灣：位在博斯普魯斯海峽通往馬爾馬拉海的出口附近，是一片往西北方延伸的狹長形海灣，自大海深入內陸，形狀長得像尖角。

金角灣入口架起了一條鐵鎖，因此船艦無法進入。

嘿咻！

嘿咻！

這要花多久時間？

明天中午應該可以完成。

太慢了，這算什麼奇襲？

天亮前一定要完成！

位於金角灣入口處的加拉達地區（現今的卡拉柯伊地區），曾是義大利西北部熱那亞共和國的殖民地。象徵性建築為興建於西元6世紀的加拉達石塔，當時是一座燈塔，在西元13世紀遭十字軍破壞，到了西元14世紀又由熱那亞人重建。鄂圖曼帝國時期的用途為監獄及氣象觀測站，現在則成為一座展望臺。

15

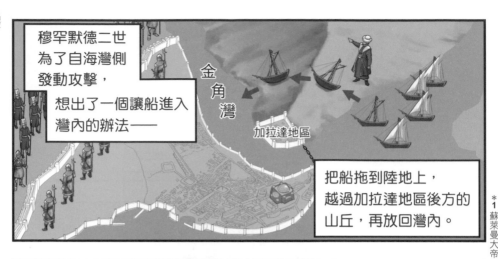

穆罕默德二世為了自海灣側發動攻擊，想出了一個讓船進入灣內的辦法——

金角灣

加拉達地區

把船拖到陸地上，越過加拉達地區後方的山丘，再放回灣內。

動作快！今晚要越過山丘！

鄂圖曼軍隊擅長的是騎兵戰，海戰本來就不拿手。

一直等到蘇萊曼大帝[1]時期，

鄂圖曼軍隊才有戰勝歐洲海軍的實力（指西元1538年的普雷韋扎海戰[2]）。

但或許正因為這是一支沒有海戰傳統的軍隊，

嘎嘎嘎

才能想出把船搬上陸地的奇計。

右側直書文字：

鄂圖曼帝國自從將領土擴展至愛琴海沿岸後，便建立了海軍。剛開始時，這支海軍戰力相當薄弱。包圍君士坦丁堡時，鄂圖曼海軍防守在馬爾馬拉海上，卻無法阻擋三艘熱那亞的船及一艘拜占庭帝國的船將補給物資送進君士坦丁堡。穆罕默德二世得知後勃然大怒，才下令將船搬上山丘。

*1 蘇萊曼大帝（西元1494～1566年）：指蘇萊曼一世，鄂圖曼帝國第十代蘇丹。帝國的國力在此時達到顛峰（見20頁）。

*2 普雷韋扎海戰：西元1538年，鄂圖曼海軍在希臘西岸的普雷韋扎擊潰由西班牙、威尼斯、馬爾他騎士團和羅馬教宗組成的聯合艦隊，就此掌握地中海霸權。

君士坦丁堡包圍戰的最後關頭，城門之一科克波塔門的防衛隊竟然沒有將門上鎖就撤離。鄂圖曼軍隊發現這件事，於是從該門大舉入侵，消滅了拜占庭帝國。

有船！

鄂圖曼軍的船！

怎麼可能？
不是有鎖鍊嗎？

七十多艘船突然
出現，

拜占庭軍的士兵們
都慌了手腳。

碎

有內奸！
城門被打開了！

……大勢已去。

就在這時，西側城
牆也遭鄂圖曼軍隊
破壞。

拜占庭帝國皇帝君士坦丁十一世[1]死在亂軍之中，

寡人要與都城共存亡！

遺體到今天都還沒有被發現。

*1 君士坦丁十一世（西元1405～1453年）：拜占庭帝國（東羅馬帝國）最後一位皇帝。

西元1453年5月29日，擁有超過千年歷史的拜占庭帝國滅亡了。

另一方面，在安卡拉戰役中擊敗鄂圖曼帝國的帖木兒，

鄂圖曼帝國

安卡拉戰役

訛答剌

撒馬爾罕

明朝

帖木兒帝國

卻在派兵攻打永樂帝[2]統治下的明朝[3]途中病死。

*2 永樂帝（西元1360～1424年）：中國明朝第三代皇帝，即明成祖。在西元1399年叛變，奪走姪子建文帝的帝位（靖難之役，見123頁）。　*3 明朝（西元1368～1644年）：由朱元璋（見121頁）建立的中國王朝。

穆罕默德二世在攻下君士坦丁堡後，立即著手復興建設。修築羅馬水道系統，設置市集，並下令建造托普卡匹皇宮。原本壯觀的聖索菲亞大教堂也被改造成伊斯蘭清真寺，整座城市迅速染上伊斯蘭色彩。

*1 薩法維波斯帝國（西元1501～1736年）：統治伊朗（波斯）地區的伊斯蘭國家，建國者為伊斯瑪儀一世（或譯伊斯邁爾一世）。

之後帖木兒帝國逐漸衰落，

鄂圖曼帝國到了塞利姆一世*2的時代，終於成功擊退薩法維波斯帝國，

*2 塞利姆一世（西元1467～1520年）：鄂圖曼帝國第九代蘇丹。巴耶塞特二世的兒子。在西元1514年的查爾迪蘭戰役（見25頁）中打敗薩法維波斯帝國，西元1517年消滅馬姆魯克王朝。

建國於裏海沿岸的薩法維波斯帝國*1統一了伊朗（波斯）。

而且還消滅了位於非洲的馬姆魯克王朝*3，疆域遠及地中海沿岸。

蘇萊曼一世（大帝）*4是塞利姆一世的兒子。

他在即位不久後的西元1521年，便攻下貝爾格勒*5，進逼布達（布達佩斯）*6，

*3 馬姆魯克王朝（西元1250～1517年）：由馬姆魯克（主要為突厥裔奴隸族群）軍團出身者建國。曾統治埃及、敘利亞等地。

維也納
布達
貝爾格勒
索菲亞
伊斯坦堡

西元1529年，更包圍了維也納*7。

大炮太重了，卡在泥漿裡動不了！

我們不能減慢進軍速度，把大炮丟下吧！

啪嗒……

維也納近郊

*4 蘇萊曼一世（大帝）：見16頁。

*5 貝爾格勒：現今塞爾維亞共和國首都。當時是匈牙利王國的城市之一，亦是巴爾幹半島上的基督教防衛重鎮。

維也納的防守軍只有兩萬，包圍維也納的鄂圖曼軍則有十二萬。

簡直像是君士坦丁堡包圍戰的翻版。

*6 布達（布達佩斯）：匈牙利王國的首都。多瑙河流經城市中央，西岸稱為「布達、歐布達」，東岸稱為「佩斯」。
*7 維也納：現今奧地利首都。當時為神聖羅馬帝國皇帝、哈布斯堡家族領袖查理五世（見73頁）的勢力中心。

小知識

鄂圖曼帝國的男人多將頭髮理得很短，綁上一種名為「塔克」的薄布，即使睡覺也不取下。蘇丹也一樣，但會在上頭再戴上綁著「特本」（白布）的帽子，並以奢華的珠寶裝飾。形狀五花八門，視場合與用途而改變。

哇!

下雪?

鄂圖曼帝國的軍樂隊稱為「梅赫特爾」，即使遠征也會帶著梅赫特爾軍樂隊同行，藉由傳統音樂提高軍隊的士氣。後來莫札特與貝多芬都從梅赫特爾的音樂中得到靈感，創作了〈土耳其進行曲〉。

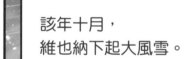

該年十月，
維也納下起大風雪。

鄂圖曼軍沒有料到天候會這麼寒冷，再加上物資補給不及，士兵們的體力都已不堪負荷。

這或許是阿拉*1的旨意吧。

蘇萊曼只好宣布退兵。

蘇萊曼沒有繼續戀戰,可說是相當聰明的決定。

另一方面,

帖木兒帝國雖然領土大幅縮小,但勉強延續了下來。

直到第八代皇帝阿合馬*2去世後,帝國因繼承權問題而分裂,在西元1507年遭烏茲別克族消滅。

小知識

蘇萊曼一世包圍維也納的時期,歐洲正掀起一股宗教改革風潮。神聖羅馬帝國皇帝查理五世得知鄂圖曼大軍來襲,為了安撫德國諸侯的情緒而承認路德派為合法宗教派系。但是維也納的危機一解除,他馬上又下令嚴禁路德派。路德派為此提出抗議,因而得到「抗議者」稱呼,這就是後來的基督新教派(見82頁)。

*1 阿拉:伊斯蘭唯一真神。
*2 阿合馬(西元?~1494年):繼承帖木兒帝國撒馬爾罕政權的君主。

*1 巴卑爾（西元1483～1530年）：阿合馬（見23頁）的姪子，位於印度北方的蒙兀兒帝國的建國者。

*4 旁遮普地區：位於印度河中游流域，是連結印度與中亞的交通樞紐地區。

*3 喀布爾：現今阿富汗首都，相當於現今烏茲別克共和國的東部。

*2 費爾干納地區：或譯非加納地區，

*5 洛迪王朝（西元1451～1526年）：德里蘇丹國的最後一個王朝。信奉伊斯蘭，位於印度北方，建國者為巴赫魯爾。

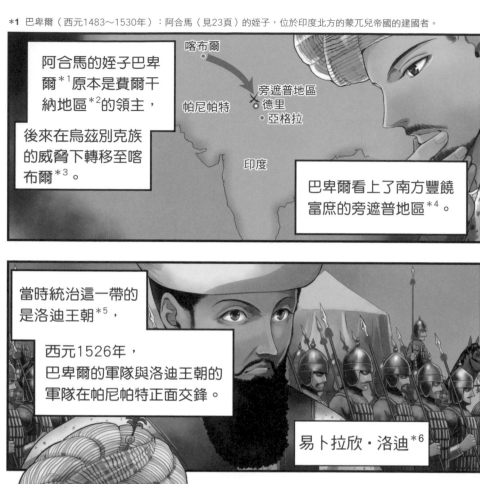

喀布爾

旁遮普地區

帕尼帕特

德里

亞格拉

印度

阿合馬的姪子巴卑爾*1原本是費爾干納地區*2的領主，

後來在烏茲別克族的威脅下轉移至喀布爾*3。

巴卑爾看上了南方豐饒富庶的旁遮普地區*4。

當時統治這一帶的是洛迪王朝*5，

西元1526年，
巴卑爾的軍隊與洛迪王朝的軍隊在帕尼帕特正面交鋒。

易卜拉欣·洛迪*6

巴卑爾

巴卑爾軍一萬兩千
對
洛迪軍十萬

*6 易卜拉欣·洛迪（西元？～1526年）：洛迪王朝第三代蘇丹，也是最後一位君主。

＊7 漢尼拔（西元前247～前183年）：著名的迦太基將軍。羅馬與迦太基爭奪地中海霸權的第二次布匿戰爭中，帶著戰象越過冬天的阿爾卑斯山入侵北義大利，重挫羅馬的銳氣。

兵力相差八倍，洛迪軍自認為勝券在握。

而且洛迪軍還擁有漢尼拔＊7也曾使用過的軍象。

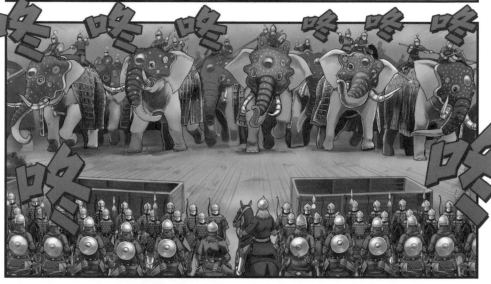

把那個搬過來！

薩法維波斯帝國與鄂圖曼帝國交戰＊8時用過的那個，對吧？

＊8 指西元1514年的查爾迪蘭戰役（見20頁）。鄂圖曼帝國利用火槍和大炮打敗了當時號稱無敵的薩法維波斯帝國騎兵隊。

25

巴卑爾在其著作《巴卑爾回憶錄》中提到印度缺少的事物為「美人、愉快的交往、有格調的藝術、名馬、好犬、葡萄、哈密瓜、美味餐點、學校及公共澡堂」，擁有的事物則為「廣大土地、大量財寶、舒適的雨季氣候、各種工匠」。

26

殺 啊 啊 啊 啊 啊

巴卑爾打敗洛
迪軍，占領了
德里，

在西元1526年
建立蒙兀兒帝國。

「蒙兀兒」是其他
國家對巴卑爾建立
的帝國稱呼，意思
是「蒙古」。

因為巴卑爾的父親是帖
木兒的子孫，而母親是
成吉思汗*1的子孫。

但巴卑爾本人只強調自己
是帖木兒的子孫。

*1 成吉思汗（約西元1162～1227年）：統一蒙古高原上的遊牧民族，為蒙古帝國打下基礎的人物。

*2 胡馬雍（西元1508～1556年）：蒙兀兒帝國的第二代皇帝，在領土爭奪戰中打敗蘇爾王朝。

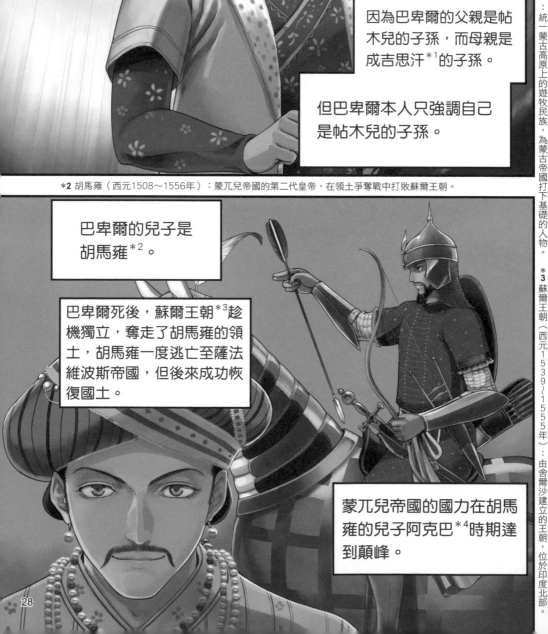

巴卑爾的兒子是
胡馬雍*2。

巴卑爾死後，蘇爾王朝*3趁
機獨立，奪走了胡馬雍的領
土，胡馬雍一度逃亡至薩法
維波斯帝國，但後來成功恢
復國土。

蒙兀兒帝國的國力在胡馬
雍的兒子阿克巴*4時期達
到顛峰。

*3 蘇爾王朝（西元1539～1555年）：由舍爾沙建立的王朝，位於印度北部。

*4 阿克巴（西元1542～1605年）：蒙兀兒帝國第三代皇帝。對民族文化有著深度理解，促進帝國繁榮，被視為相當偉大的君王，直到現代依然備受敬重。　*5 人頭稅：一種對非穆斯林課徵的稅金，或音譯為「吉茲亞」。

阿克巴廢除了人頭稅*5，對印度教徒*6和穆斯林一視同仁。

巴卑爾與胡馬雅的領土
阿克巴過世時的領土

喀布爾
斯利那加
坎達哈
旁遮普
阿木里查
德里
亞格拉
蒙兀兒帝國

他不僅促進國內族群融合，獎勵藝術和學問，而且擴大了領土。

就像蘇萊曼一樣，阿克巴也被後人尊稱為「大帝」。

*6 印度教徒：吸收各種民間宗教信仰所發展而成的印度古老宗教。

阿巴克認為一名君主最重要的資質，

就是原諒他人的過錯。

如今他成為宗教融合（伊斯蘭與印度教）的象徵性人物，受到世人景仰。

進入西元14世紀後，
西歐的民眾意識開始抬頭，
出現了追求自由與解放的風潮，
世人開始思考什麼樣的生活才
符合人性。

文藝復興的英文為
Renaissance，原意
是「重生」。

這是一項讓原本受基督教壓抑的
人性重新獲得解放的運動，為西
元14至16世紀的文藝和科學帶
來重大突破。

德國的梅因茲*¹在西元15
世紀中葉，有一位名為谷
騰堡*²的人物，開設了活
版印刷*³工廠。

但真正的文藝復興
運動源自義大利。

*1 梅因茲：位於德國西部的城市。　*2 谷騰堡（約西元1400～1468年）：全名為約翰尼斯·谷騰堡，德國的金屬加工技師，成功讓活版印刷技術進入實用階段。　*3 活版印刷：使用活字版進行印刷的技術。讓書籍的大量印製變得更容易，促進思想與知識普及。

*4 梅迪奇家族：或譯麥第奇家族，佛羅倫斯的富豪家族。教宗和王后輩出，掌握的權勢幾乎等同君王，為文藝復興運動的最大贊助勢力。

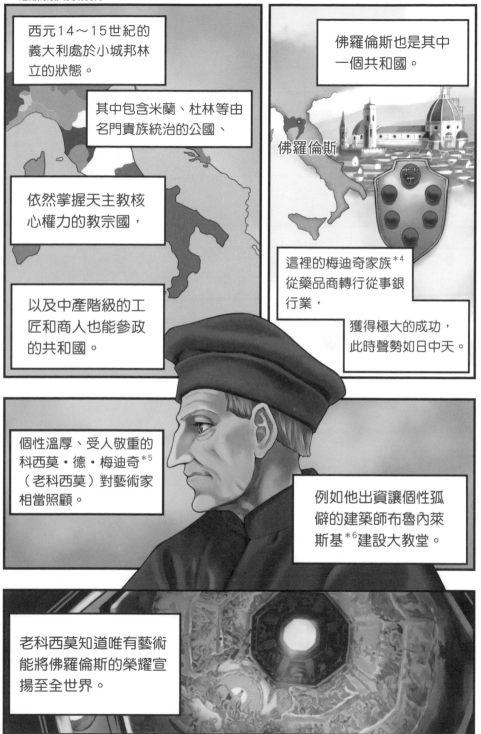

西元14～15世紀的義大利處於小城邦林立的狀態。

其中包含米蘭、杜林等由名門貴族統治的公國、

依然掌握天主教核心權力的教宗國，

以及中產階級的工匠和商人也能參政的共和國。

佛羅倫斯也是其中一個共和國。

佛羅倫斯

這裡的梅迪奇家族*4從藥品商轉行從事銀行業，

獲得極大的成功，此時聲勢如日中天。

個性溫厚、受人敬重的科西莫·德·梅迪奇*5（老科西莫）對藝術家相當照顧。

例如他出資讓個性孤僻的建築師布魯內萊斯基*6建設大教堂。

老科西莫知道唯有藝術能將佛羅倫斯的榮耀宣揚至全世界。

梅迪奇家族的銀行不僅遍及羅馬和威尼斯，連英格蘭、法國和瑞士都有分行。梅迪奇家族亦負責為羅馬教宗管理龐大的捐款，藉由運用這些資金而成為億萬富豪。梅迪奇家族利用其銀行網路進行外匯買賣，從中獲取利益。此外，梅迪奇

*5 科西莫·德·梅迪奇（西元1389～1464年）：梅迪奇家族領袖，佛羅倫斯共和國元首，受民眾愛戴，有「老科西莫」之稱。 *6 布魯內萊斯基（西元1377～1446年）：全名為菲利波·布魯內萊斯基。佛羅倫斯的建築師。著名作品有聖母百花大教堂的穹頂。

老科西莫死後，進入孫子羅倫佐・德・梅迪奇[1]的時代，首先出現了這個才華洋溢的年輕人。

哈啾！

*1 羅倫佐・德・梅迪奇（西元1449～1492年）：梅迪奇家族領袖。老科西莫的孫子。佛羅倫斯的繁榮在他的時代達到顛峰。

*2 李奧納多・達文西（西元1452～1519年）：文藝復興時期的藝術家，被視為理想的博學家。

李奧納多！別動！

嘶嘶嘶……

師傅，這太強人所難了，

我可是從一大早就穿成這副德性。

他的名字是李奧納多・達文西[2]。

身分是委羅基奧[3]工坊內的年輕學徒。

*4 波提切利（約西元1444～1510年）：全名為桑德羅‧波提切利，文藝復興時期極具代表性的畫家，代表作品有〈維納斯的誕生〉、〈春〉等等。

是啊，委羅基奧師傅，他好歹也算是工匠，

這個男人叫波提切利*4，

不是你雇來的模特兒。

原本是菲利普‧利皮*5的弟子，後來進入委羅基奧的工坊工作。

好吧！大家都把我當成壞人！

但你們看看，工坊裡還有誰的長相適合當大衛*6像的模特兒？

怎麼不讓李奧納多幫忙你作畫？

哼

這孩子的素描技巧還不錯。

嘿嘿⋯⋯

義大利語中的工坊亦有商店的意思。佛羅倫斯的工坊位於城市中心地帶，一般民眾可以自由進入中庭。除了繪畫和雕刻之外，工坊有時還負責製作祭典用的旗幟、裝飾品、女用珠寶飾物等，可說是無所不做。在工坊內當學徒，能學到各種不同的技術。

*5 菲利普‧利皮（西元1406～1469年）：活躍於佛羅倫斯的修士畫家。
*6 大衛：指《舊約聖經》中記載的古希伯來王國的君王。

好吧！

等大衛像完成，我會讓他當我的繪畫助手！

李奧納多，這下你滿意了吧？

但現在你得專心當我的模特兒！

是！

據說委羅基奧在這個時期製作的大衛像，就是以李奧納多‧達文西為模特兒。

不久之後，

如何，畫得順利嗎？

你只要畫個天使就好，

可別搞砸了我這幅畫。

〈耶穌受洗〉這幅畫現藏於佛羅倫斯的烏菲茲美術館。除了左下角的天使與背景是出自達文西之手，另有研究者指出耶穌基督及施洗者約翰很可能是由波提切利所畫。

我是不是畫得太差了？

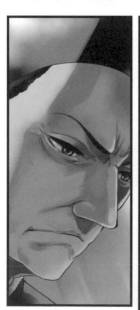

從今天起，這工坊的畫都由你負責。

達文西所畫的天使*讓委羅基奧自嘆不如，據說從此之後，委羅基奧再也不曾親自提筆作畫。

* 在委羅基奧的作品〈耶穌受洗〉中，左側天使據說是由達文西所畫。

*1 伊爾‧莫洛（西元1452～1508年）：盧多維科‧斯福爾扎的俗名。米蘭公國的統治者。　　*2〈最後的晚餐〉：達文西在大約西元1498年繪製於米蘭恩寵聖母會堂餐廳牆壁的一幅壁畫，使用了遠近法和明暗法等技巧。

第一次晉見伊爾‧莫洛時，達文西取出自薦信，上面寫明自己精通各種土木工程、建築、兵器設計與製造，不僅是優秀的技術人員，也擅長繪畫及雕刻。當時達文西已是聲名遠播的畫家，但文章中對繪畫彷彿只是順帶一提而已。

但是，

達文西真正展現才華，是在前往米蘭之後。

‧米蘭

‧佛羅倫斯

西元1482年，達文西被羅倫佐‧德‧梅迪奇派往米蘭。達文西在這裡受到了君主伊爾‧莫洛*1的賞識。

達文西就此大展長才，兼具軍事專家、舞臺導演和音樂家等身分。

著名畫作〈最後的晚餐〉*2就是受伊爾‧莫洛所委託而作。

*3 義大利戰爭：主要指西元1494～1559年之間神聖羅馬帝國與法國之間的戰爭。開始於法國國王查理八世（見40頁）遠征義大利。

直到伊爾‧莫洛因義大利戰爭*3
而失勢之前，達文西一直居住在
米蘭。

另一方面，

米開朗基羅‧布奧納羅
蒂*4的年紀則比達文西
小了二十三歲。

他出生於佛羅倫斯附近城鎮的
貴族之家，從小就是個性剛烈
如猛火的人物。

初期他跟著畫家
學畫，但後來逐
漸愛上了雕刻。

隱藏在胸中的烈火，
為他帶來難以壓抑的
創作衝動。

喂！
米開朗基羅。

你過來
一下！

你沒聽到嗎？

混蛋！
別打擾我！

*4 米開朗基羅‧布奧納羅蒂（西元1475～1564年）：
文藝復興時期最具代表性的藝術家之一，代表作品有
〈大衛像〉、〈最後的審判〉等。

但這股烈火讓他人誤以為米開朗基羅個性傲慢。

這傢伙……

什麼態度！

不僅如此，

你這傢伙老是這麼高傲！

碎！

他的才能也引起雕刻家同伴們的嫉妒。在一次爭執中，米開朗基羅甚至被打斷鼻梁。

佛羅倫斯

西元1490年，
米開朗基羅前往投靠賞識其才能的羅倫佐‧德‧梅迪奇。

梅迪奇家宅邸*1

撞！

*1 梅迪奇家宅邸：由科西莫下令興建，現為梅迪奇‧里卡迪宮殿。

*2 喬凡尼・德・梅迪奇（西元1475～1521年）：羅倫佐的次子，曾遭逐出佛羅倫斯，後來成功奪回權力，並當上羅馬教宗（李奧十世，或譯利奧十世）。

梅迪奇家族常模仿從前希臘羅馬時代，利用郊區的別墅邀集知識分子，舉辦名為「柏拉圖學院」的自由討論會。當時參加的人很多，達文西對這個活動絲毫不感興趣，但米開朗基羅有時會參加。

喬凡尼・德・梅迪奇*2
（後來的羅馬教宗李奧十世）

西元1492年，羅倫佐去世，當時米開朗基羅才十七歲。

哼

哼

*3 薩佛納羅拉（西元1452～1498年）：全名為吉羅拉莫・薩佛納羅拉。義大利道明會修士，主張佛羅倫斯太過腐敗。

藝術就是罪惡！

我們必須重新遵循基督教的教誨！

否則神一定會懲罰佛羅倫斯，讓我們四面受敵！

享樂是信仰的大敵！

腐敗的政治已經讓大家遺忘了信仰！

當時，佛羅倫斯有一個名叫薩佛納羅拉*3的偏激修士*4，他掌握了民心，不斷向民眾煽風點火。

*4 修士：立誓侍奉神，在修道院裡過著群體修行生活的男人。

*1 查理八世（西元1470～1498年）：法國國王。西元1494年，他趁那不勒斯國王去世時遠征義大利，曾一度占領那不勒斯（拿坡里）。

天主教色彩。

據說創作出〈維納斯的誕生〉、〈春〉等傑作的畫家波提切利晚年成為薩佛納羅拉的追隨者。此後，他的畫作一改原本輕柔恬適的畫風，開始帶有

薩佛納羅拉認為藝術是種罪惡，並大力抨擊奢侈行徑。

認同他的民眾越來越多。

因為查理八世*1曾占領米蘭，並且進入佛羅倫斯，

有人認為薩佛納羅拉的預言成真。

西元1494年，梅迪奇家族遭流放，米開朗基羅也在此事發生不久前離開了佛羅倫斯。

薩佛納羅拉取代梅迪奇家族成為佛羅倫斯統治者，開始採行神權政治*2。

把那些墮落的繪畫和奢侈品都燒了！

*2 神權政治：將宗教教義反映在政治上的政教合一制度。

薩佛納羅拉主張徹底改革，甚至羅馬教宗也成為他批評的對象。

羅馬教宗亞歷山大六世*3於是開除薩佛納羅拉的教籍。

*3 亞歷山大六世（西元1431～1503年）：出身於西班牙裔的義大利名門貴族世家波吉亞家族，重用兒子切薩雷·波吉亞。

40

佛羅倫斯的民眾得知
這件事後大為震驚。

　　後來查理八世離開佛
羅倫斯，前往那不勒
斯（拿坡里），

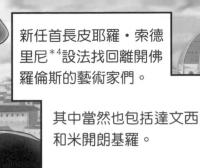

新任首長皮耶羅·索德
里尼*4設法找回離開佛
羅倫斯的藝術家們。

其中當然也包括達文西
和米開朗基羅。

西元1498年，民眾
審判了薩佛納羅拉，
將他處以火刑。

*4 皮耶羅·索德里尼（西元1450～1522年）：佛羅倫斯的政治家。在薩佛納羅拉遭處刑後，成為佛羅倫斯的行政首長。

佛羅倫斯已經
重獲自由了！

米開朗基羅，

我希望能以你的雕刻
作品來紀念這件事。

米開朗基羅用來雕刻大衛像的巨大大理石塊，據說曾在佛羅倫斯的聖母百花大教堂裡被擱置了長達二十五年之久。從前的工匠只稍微切出粗略的形狀，就放棄繼續雕刻。當局原本打算邀請達文西來繼續雕刻，但最後由米開朗基羅接手。

請問……

什麼事？

還要多久才能完成？

你自己去問它吧！

*1 拉斐爾・桑蒂（西元1483～1520年）：擁有大規模工坊的文藝復興時期代表性畫家、藝術家。著名作品有梵蒂岡宮殿內的壁畫和〈聖母與聖子〉等。

你是誰？

根據當時《藝術家列傳》一書的記載，米開朗基羅的奶媽是石匠的妻子，因此米開朗基羅曾說「我從小就像吸奶一樣吸著鑿子與槌子」。據說他從年輕時就立志當雕刻家，但遭到父親反對。

我是拉斐爾・桑蒂*1。

曾經當過佩魯吉諾*2師傅的學徒，我們曾見過面。

他是出生於烏爾比諾公國*3的年輕人，名叫拉斐爾，也是與達文西、米開朗基羅齊名的文藝復興三傑之一。

哼！乳臭未乾的小子，想偷學我的技術？

說得真難聽，

我只是為了多觀摩優秀的作品，才來到這個城市。

鏗鏗

*2 佩魯吉諾（西元1446～1523年）：委羅基奧工坊出身的畫家，曾參與梵蒂岡西斯汀禮拜堂（見54頁）的壁畫創作。
*3 烏爾比諾公國：東面亞得里亞海，西鄰佛羅倫斯共和國的公國。

在這之前的大衛像，都是以打倒巨人歌利亞之後的大衛為主題，但米開朗基羅所雕的卻是正要向巨人扔擲石塊的大衛。這座巨大的石像被放在領主宮殿（現今的舊宮）正門口，彷彿瞪視著對佛羅倫斯圖謀不軌的入侵者，發揮了提振民眾士氣的效果。

*1〈大衛像〉：米開朗基羅在西元1501～1504年間製作的大理石雕像。文藝復興時期最有名的作品之一。

這座雕像便是有名的〈大衛像〉*1。

*2 國政廳：指領主宮殿（現今的舊宮）。佛羅倫斯共和國時期為國政廳，現在則為市政廳。

西元1503年，索德里尼又委託達文西和米開朗基羅為國政廳*2的五百人大廳*3繪製壁畫。

就是這裡！

若能以兩位的作品裝飾這面牆壁，相信一定能給民眾帶來莫大的勇氣。

*3 五百人大廳：當時為議政大廳。近年來學者發現如今的壁畫後方有一面古老的牆壁，上面有達文西的畫作。

45

達文西當時已聲名遠播，據說繪畫的報酬比米開朗基羅高得多。但達文西把錢都花在研究航空機械、解剖等個人興趣上，因此經常為了尋找新的贊助者而到處搬家。

李奧納多已經答應為我們作畫了。

一直沒跟你提，是想等你完成大衛像。

點頭

哼

看來這兩人感情不睦的傳聞是真的。

哼

不，似乎只有米開朗基羅單方面拒人於千里之外。

順利的話，這件事能夠吸引民眾的注意力，使民眾不再關心政治。

奸笑

這個男人名叫馬基維利*1，後來成為著名的政治思想家。

他的著作《君主論》站在現實觀點評論如何當一個稱職的君主，直到現在依然被視為值得一讀的重要文獻。

*1 馬基維利（西元1469～1527年）：全名為尼可洛‧馬基維利。在佛羅倫斯的內政和外交上相當活躍的政治家兼思想家，著作《君主論》相當有名。

*2 安吉亞里戰役：佛羅倫斯共和國在西元1440年與米蘭公國交戰並獲勝的戰役。

你認為哪一邊會贏？

達文西所畫的是〈安吉亞里戰役*2〉。

米開朗基羅畫的則是〈卡西納戰役*3〉。

若論雕刻，沒人比得過米開朗基羅，但這次比的是繪畫。

馬基維利的詭計成功，兩人的對決成為民眾們熱烈討論的話題。

米開朗基羅一直瞧不起達文西，

我想他應該很有把握。

但是，

這場對決竟然以意外結果落幕。

達文西在這幅畫作中使用他新研發的顏料，沒想到顏料竟然開始往下流，雖然他趕緊以火烘乾，但畫的上半部已經毀了。

另一方面，

米開朗基羅在西元1505年畫了幾張草稿之後，因受羅馬教宗儒略二世*4邀約而前往羅馬，壁畫的製作也不了了之。

達文西完成的繪畫作品只有十多件。那是因為達文西經常畫到一半就放棄，或是畫完之後不肯將成品交給委託者。此外，達文西經常在畫材及手法上求新求變，因此失敗的作品也不少，而且經常因報酬談不攏而與委託者發生爭執。

*3 卡西納戰役：或譯卡辛那戰役，佛羅倫斯共和國在西元1364年與比薩共和國交戰並獲勝的戰役。
*4 儒略二世（西元1443～1513年）：西元16世紀初期的羅馬教宗。致力於擴大教宗的世俗權力，在藝術的保護上也相當熱心。

達文西向老師委羅基奧學到關於解剖學的知識後，基於畫家立場想要更加理解人體內部構造，因此多次參與屍體解剖的觀摩，畫了大量骨骼與肌肉的素描。佛羅倫斯和米蘭的醫院並不禁止這樣的行為，但在羅馬卻遭到檢舉，羅馬教廷因而下令禁止解剖。

達文西的工坊

師傅，
有客人！

他說他姓桑蒂！

嗨！

佩魯吉諾跟我提過關於你的事*1。

上次
真是太可惜了。

你是指那幅
〈安吉亞里戰役〉？

普林尼*2的書中曾提到以樹脂當顏料，

我照著做，沒想到顏料竟然會流下來，

當我發現的時候，忍不住笑了出來呢。

……

何必拿那麼重要的畫作嘗試新顏料？

*1 拉斐爾的老師佩魯吉諾也曾待過委羅基奧的工坊，與達文西是師兄弟關係。
*2 普林尼（約西元23～79年）：全名蓋烏斯・普林尼・塞孔杜斯，古羅馬帝國的博學家、軍人，著作有《博物志》。

這我也知道。

但我就是沒辦法壓抑自己的好奇心。

我和米開朗基羅的這場對決在社會上鬧得沸沸揚揚,

但開始作畫後,他的事早被我拋到九霄雲外了。

我想他的心情應該也是這樣吧。

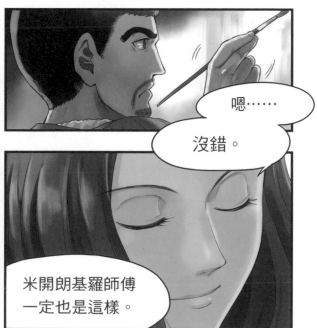

嗯……

沒錯。

米開朗基羅師傅一定也是這樣。

達文西的手稿不止是文字，連圖案本身也左右相反，例如道具之類，看起來就像是專為左撇子所設計的東西。但是達文西對一般民眾公開的繪畫，並沒有這種情形。

那是鏡像文字*。

我是左撇子，這麼做寫起來比較順手。

喔喔喔！

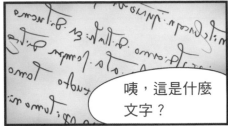

咦，這是什麼文字？

哇啊！

哇！

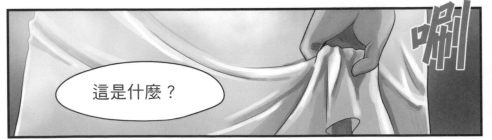

這是什麼？

喇

* 鏡像文字：像照鏡子一樣左右相反的文字，句子的順序當然也相反。達文西遺留下來的文章大多是以鏡像文字寫成。

拉斐爾臨摹〈蒙娜麗莎〉的素描畫〈某婦人半身像〉背景有著現在原畫所沒有的柱子和建築物。有一派學者認為那是拉斐爾在臨摹時隨手加上去的背景；另有一派學者則認為〈蒙娜麗莎〉在拉斐爾臨摹時確實有這些背景，只是後來被改掉了。本書採納後者的觀點。

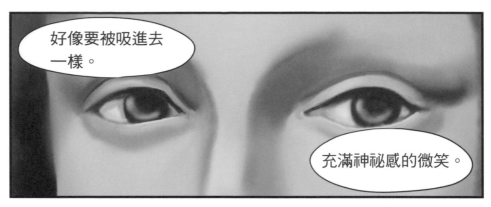

好像要被吸進去一樣。

充滿神祕感的微笑。

模特兒是哪一位*？

祕密就要讓它是祕密才有趣。

那個，

我能不能……

臨摹這幅畫，

對吧？

沒錯！

拜託您了！

* 世界名畫〈蒙娜麗莎〉的模特兒據說是佛羅倫斯的商人吉奧康多的妻子。達文西受託畫了這幅畫，卻沒有把它交出去，終生留在自己身邊。

那邊的紙和筆，你都可以拿去用。

真是太感謝您了！

看你這麼殷切，我不答應也不行。

這年輕人竟然這麼開心。

藏於法國巴黎羅浮宮美術館的〈蒙娜麗莎〉曾在西元1911年遭竊。竊賊是個名叫維森佐‧佩爾加的義大利人，但警方卻懷疑詩人阿波利奈爾與畫家畢卡索偷了此畫而加以逮捕。兩年半後竊賊告知畫廊人員「畫在自己手上」，這幅畫才重新被找回來。

羅馬教宗儒略二世與米開朗基羅都有著火爆脾氣，因此經常發生口角衝突。有一天，米開朗基羅正站在高處畫著西斯汀禮拜堂的穹頂畫，教宗在底下問了一句「哪天才能完成」，米開朗基羅竟毫不客氣地回答「完成的那天」。

數年後的西元1508年，這次輪到拉斐爾與米開朗基羅對決了。

羅馬

羅馬教宗儒略二世將拉斐爾召至羅馬，命他繪製寢宮壁畫。

當時米開朗基羅早已來到羅馬，正在製作西斯汀禮拜堂*的穹頂畫。

拉斐爾負責的則是簽字廳（教宗書房）的壁畫。

悄悄悄

終於見到你了！

發

！

* 西斯汀禮拜堂：羅馬教廷梵蒂岡宮殿內的禮拜堂，內部有著許多畫家的壁畫。

好久不見了!

我故意躲起來,根本不想見你!

自從來到羅馬,我來拜訪過好幾次,但你每次都不在家!

但我們還是見面了。

從一開始,我就看你這小子不順眼!

你的畫都只是模仿我和李奧納多的作品!

是啊,但我畫得很開心呢。

哼!

你好像一天到晚跟人吵架?

和李奧納多師傅也合不來。

西元1513~1516年,文藝復興三傑(達文西、米開朗基羅、拉斐爾)全都聚集到羅馬。當時達文西的年紀已超過六十歲,羅馬教宗李奧十世讓他住在梵蒂岡貝爾維第宮內,專心思考科學問題及進行實驗,至於較年輕的兩人則忙於創作。

儒略二世首先委託米開朗基羅雕刻的是一座巨大的大理石墳墓，從開工到完成共花了四十年時間。這段期間米開朗基羅曾逃回佛羅倫斯，因而遭指控毀約。但這座墳墓中的《摩西像》被後人認為是米開朗基羅的最高傑作之一。

但你是最能理解李奧納多師傅才能的人，甚至超越了羅倫佐和伊爾‧莫洛閣下。

那是因為他老是在畫圖，不承認雕刻才是最偉大的藝術！

你說我理解他？

怒

別開玩笑了！

扔 扔

誰理解那個男人啊！

閃

你不把繪畫看在眼裡，為什麼要畫穹頂畫？

那是因為教宗的命令，我才……

你擅自看了我的畫？

是啊，偷溜進去看了。

你這個傢伙！

那真是傑作。

……

西斯汀禮拜堂的穹頂畫*如今與〈大衛像〉齊名，是米開朗基羅的代表作品之一。

數年後——

米開朗基羅曾說「越高明的繪畫越接近雕刻，越差勁的雕刻越接近繪畫，繪畫和雕刻的差距就像月亮與太陽一樣」。他認為唯有雕刻才是最偉大的藝術，因此剛開始接下西斯汀禮拜堂的穹頂畫任務時有些提不起勁。

* 從西元1508年製作至1512年的大規模繪畫作品。中央部分為《舊約聖經・創世紀》中關於「天地創造」傳說的九個場景。

拉斐爾不僅有著開朗性格，而且總能在期限內完成作品，再加上每一件作品都是傑作，因此相當受到信賴，委託的訂單多到接不完。他的工坊約有五十名師傅，規模之大在當時相當罕見。他的最後傑作〈耶穌顯聖容〉是在過世後才由弟子們完成。

喂！拉斐爾，你在發什麼呆啊？

咦？我剛剛發呆了嗎？

＊ 食客：指以客人身分長期住在有錢人家裡的人。

你今天是來見教宗閣下？

對了，你和教宗閣下很久以前就認識。

米開朗基羅年輕時因受羅倫佐‧德‧梅迪奇賞識，曾在梅迪奇家裡當過一陣子食客＊。

是啊。

喬凡尼那傢伙，簡直把我當成傭人使喚。

羅馬教宗李奧十世本名喬凡尼，是羅倫佐的次子，雖天資聰穎但從小嬌生慣養而有著高傲個性。

當時的米開朗基羅，也是個不把所有人放在眼裡的傲慢青年。

這樣的兩個人，當然不可能好好相處。

我討厭他，

他也討厭我。

咳
咳
咳

抱歉，
這陣子太忙，
有點累過頭了。

我先告辭了。

拉斐爾！

等你和我完成這次工作後，找個時間聊聊吧！

例如……

關於繪畫。

好啊，我很樂意。

米開朗基羅接受羅馬教宗儒略二世委託繪製西斯汀禮拜堂的穹頂畫時，曾批評教宗構思的設計圖「太單調」。因為這句批評，導致他必須繪製出一面極度複雜的穹頂畫，為此吃了不少苦頭。

59

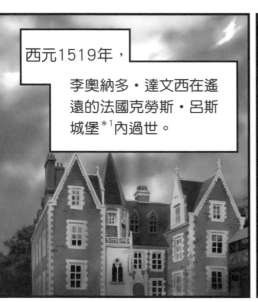

西元1519年，

李奧納多‧達文西在遙遠的法國克勞斯‧呂斯城堡[1]內過世。

據說他斷氣時，被相當敬重他的法國國王弗朗索瓦一世[2]抱在懷裡。

[1] 克勞斯‧呂斯城堡：位於法國國王城堡所在地昂布瓦斯，達文西在這裡度過晚年。

一年後，

彷彿要追上達文西腳步似的，

拉斐爾也與世長辭了。

[2] 弗朗索瓦一世（西元1494～1547年）：法國國王，法國文藝復興運動的支持者。

將來大有可為的年輕人竟然就這麼走了。

天妒英才。

喂！

你應該知道我是誰吧？

我想看看拉斐爾的壁畫，

開門！

咦？

是，我立刻開門。

您是第一次看這幅壁畫？

是啊！

那麼，

我先出去，您要離開時麻煩跟我說一聲。

趕緊逃走

拉斐爾作
〈雅典學院〉*1

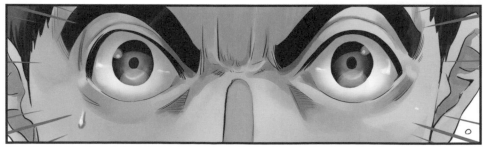

*1 〈雅典學院〉：拉斐爾的最高傑作，繪於梵蒂岡宮殿「簽字廳」的牆壁上。畫中囊括所有古希臘、羅馬哲學家。

拉斐爾在三十七歲就過世了。羅馬教宗李奧十世應允將他的遺體埋葬在祭祀古羅馬神祇的萬神殿。他的墓碑上寫著這樣的墓誌銘：「拉斐爾在此長眠。在他生前，大自然感到了敗北的恐懼；當他逝世，大自然感到了死亡的恐懼。」

畫裡的這兩個人……

為什麼我和李奧納多會在這上面……

是我和李奧納多*2？

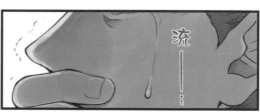

流————

嗚……

嗚嗚嗚……

原來，

我心裡一直期望能和李奧納多好好聊一聊。

*2 壁畫中的古希臘哲學家赫拉克利特（最前排中央拄著臉頰的人物）是以米開朗基羅為造型，柏拉圖（最後一排中央豎起手指的人物）是以達文西為造型。至於拉斐爾自己，則是前排右側角落的畫家阿佩萊斯。

關於神、

關於世界上的
美好事物、

關於歷史、

關於人性……

拉斐爾，

原來你早就看
出來了。

我承認你們的實力。

李奧納多、

拉斐爾、

你們都是天才。

小知識

米開朗基羅一生熱衷於創作，一直到八十九歲高齡都還握著鑿子。有後人所寫的傳記形容他是個「只吃麵包和葡萄酒、睡覺從不脫衣服和鞋子、與周圍的人一天到晚發生爭執的人物」，另有其他傳記將他描寫成「因創作而活在苦惱中的孤獨之人」。

這句話我不會再說第二次。

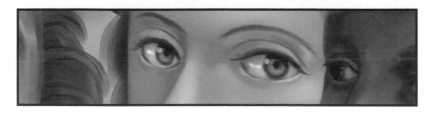

西元16世紀，隨著羅馬教廷的威望下滑，批判教廷的聲浪也越來越高漲，整個歐洲面臨了巨大的變革。

羅馬教宗李奧十世[1]出身梅迪奇家族，與父親羅倫佐・德・梅迪奇[2]一樣熱愛藝術。

羅馬教宗
李奧十世

*1 李奧十世（西元1475～1521年）：本名喬凡尼・德・梅迪奇。梅迪奇家族出身的教宗（在位期間西元1513～1521年）。三十七歲便成為羅馬教宗，創下最年輕紀錄（見39頁）。

他試圖以

藝術填滿整個教廷，甚至是整個羅馬。

簡直像要在凡間建立一座天堂樂園。

但是——

我需要錢。

*2 羅倫佐・德・梅迪奇（西元1449～1492年）：梅迪奇家族領袖。文藝復興運動全盛時期的佛羅倫斯共和國元首（見32頁）。　*3 拉斐爾（西元1483～1520年）：文藝復興時期最具代表性的畫家（見43頁）。

*4 聖彼得大教堂：或稱聖伯多祿大教堂，位於梵蒂岡。

咦？

拉斐爾*3

李奧十世很愛花錢，但獲取金錢的方法相當有限。

哼

你不用多問。

反正你不懂我的煩惱。

是。

*5 鄂圖曼帝國在西元1453年消滅拜占庭帝國後，不斷擴張領土，進逼西歐諸國。

聖彼得大教堂*4的改建遲遲沒有進展，

還得提防鄂圖曼帝國的進犯*5，

但是，

那些君王、貴族和商人，

沒有人願意拿錢出來！

最可惡的是米開朗基羅*6！

哼哼

要製作出好的藝術品，當然得花大錢！

他總是在我最缺錢的時候找上門來，要求我掏出更多的錢！

聽說您和他從以前就有嫌隙。

*6 米開朗基羅（西元1475～1564年）：文藝復興時期最具代表性的雕刻家、畫家。著名作品有〈大衛像〉、〈最後的審判〉等。

67

羅馬教宗李奧十世身為文藝復興藝術的贊助者，雖然花錢如流水，卻擁有遺傳自父親羅倫佐‧德‧梅迪奇的政治本領。他巧妙周旋在法國國王弗朗索瓦一世與神聖羅馬帝國皇帝查理五世之間，而且大量增加教廷國務卿人數，不使權力過度集中於某個人身上。

*2 教廷國務卿：又稱國務樞機卿，羅馬教宗的顧問之一，負責處理教廷內所有內政與外交工作。

*1 切薩雷‧波吉亞（西元1475～1507年）：義大利貴族。擁有高明的政治手腕，協助父親羅馬教宗亞歷山大六世（見40頁）擴張教宗國。父親死後遭逮捕，雖然成功逃走，但最後還是戰亡。佛羅倫斯的政治家兼思想家馬基維利（見46頁）在其著作《君主論》中對切薩雷大加讚揚，認為他是最理想的君主。但一般評價則多半認為他是個在政治上為了達到目的而不擇手段的殘忍、陰險人物。

*3 神聖羅馬帝國：中世至近世德國的正式名稱（見第6頁）。

西元1517年，神聖羅馬帝國[3]德意志地區威登堡（維滕貝格）近郊……

威登堡（維滕貝格）
神聖羅馬帝國
維也納
羅馬

發生什麼事？

不清楚。

這男人叫馬丁·路德[4]，出生於德國薩克森地區，是個嚴以律己的修士兼神學家。

跟在身旁的男人叫墨蘭頓[5]，是以路德為師的學者。

請問，

你們在這裡做什麼？

小知識

從前的修士必須剃去頭頂的頭髮，只留下周圍的環狀部分。據說這種剃髮儀式是象徵耶穌被釘在十字架時頭上所戴的荊棘冠冕，現代已廢除這個習慣。

*4 馬丁·路德（西元1483～1546年）：德國神學家。因批判贖罪券（見70頁）引發了德國宗教改革。
*5 墨蘭頓（西元1497～1560年）：全名為菲利普·墨蘭頓。德國的人文學家、神學家，年紀輕輕便當上威登堡大學（哈雷-維滕貝格大學）教授。

買贖罪券*1！

現在我也可以得到救贖，真是太好了！

這件事發生在不久之前，

大富豪
雅各布・富格爾

大主教
阿爾布特・馮・布蘭登堡

就任美因茲大主教*2的阿爾布特・馮・布蘭登堡*3，曾向雅各布・富格爾*4借了一大筆錢。

為了償還這筆債務，阿爾布特向李奧十世請求允許販賣贖罪券。

*1 贖罪券：由教會所發行販賣的證明文件。只要買了，罪業就可獲得原諒。

所謂的贖罪券，指的是免除沉重罪業懲罰的證明文件。買了贖罪券後，只要透過簡單的告白及懺悔，罪過就可以獲得原諒。

李奧十世當然答應這個請求。

販賣贖罪券的獲利有一半還給富格爾家，另一半則納入教廷，作為整修聖彼得大教堂的資金。

*2 美因茲大主教：德國神職人員的最高位階，相當於羅馬教宗在該地的代理人。　*3 阿爾布特・馮・布蘭登堡（西元1490～1545年）：西元1514～1545年間的美因茲大主教。為了獲得這個地位捐了一大筆錢。　*4 雅各布・富格爾（西元1459～1525年）：藉由貿易、金融與經營礦山而致富的德國富商。

原來是在賣贖罪券。

這麼說來，那個人就是有名的道明會*5修士帖次勒？

哇哈哈哈哈

修士約翰・帖次勒*6是販賣贖罪券的主要執行者。

他像街頭藝人一樣往來於街坊之間，靠著話術吸引民眾，推銷贖罪券。

小知識

帖次勒打著「錢幣入箱叮咚響，靈魂升天得救贖」的口號四處兜售贖罪券，受到廣大民眾的歡迎。但羅馬教宗與富商富格爾家族早已簽訂瓜分利益的契約，因此帖次勒身旁總是跟隨著富格爾家族的人，負責回收債款。

*5 道明會：由西班牙人道明於西元1215年創立的修道會，著重於駁斥異端及傳播教義。

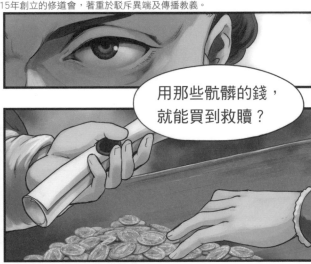

用那些骯髒的錢，就能買到救贖？

世人罪孽深重，

不該如此輕易就獲得救贖。

*6 約翰・帖次勒（約西元1465～1519年）：在美因茲大主教的授意下四處兜售贖罪券的修士。

為什麼他們不明白，花錢買救贖的行為本身就是大罪。

10月31日，

路德按捺不住怒火，以拉丁文寫了一篇名為《九十五條論綱》的文章，

不僅張貼在威登堡大學的教堂門口，還寄了一份給美因茲大主教。

後來有人將這篇文章翻譯成德文，加以印刷並廣為流傳。

這篇批評教會的文章令羅馬教宗勃然大怒，教宗在西元1520年發出一份詔書，

以開除教籍為威脅，要求路德撤回這篇文章。

但路德卻在大庭廣眾之下，燒毀了這封來自教廷的詔書。

神聖羅馬帝國皇帝查理五世[*1]，也在西元1521年的沃姆斯帝國議會[*2]上要求路德撤回自己的論點。

路德沒有遵從皇帝的要求，因而遭驅逐出帝國。

路德並非從一開始就打算與羅馬教廷徹底對立，

但隨著一次次在宗教會議上的爭辯，

路德陷入了騎虎難下的立場。

小知識

當時的德國（神聖羅馬帝國）遭揶揄為「羅馬的母牛」。因為德國相當盛行販賣贖罪券，獲利經由德國流入位於羅馬的教廷，宛如是從母牛身上擠出牛奶。

*1 查理五世（西元1500～1558年）：哈布斯堡家族出身的西班牙國王查理一世，又譯卡洛斯一世，在富格爾家族的援助下即位為神聖羅馬帝國皇帝，自稱為查理五世。
*2 沃姆斯帝國議會：西元1521年，查理五世即位後首次召集德國諸侯舉行的宗教會議。

連皇帝的命令也敢反抗。

這樣下去,老師可是死路一條。

世人已經開始對虛偽的教會儀式抱持懷疑,

我只是替他們說出心中的想法。

這我明白。

但是,民眾擅自對老師的言論做出不同解釋,這樣下去恐怕會發生暴動!

這只是單純神學觀點上的爭論,

不會那麼嚴重的。

出、

你是路德先生嗎？

出現了！

我……

不、他不是！

驚

刷

這個人絕對不是路德，

我也不是路德的弟子！

……

跟我們走吧！

抓

哇啊！

噠噠噠噠

啊……

小知識

在要求路德撤回《九十五條論綱》的詔書中，羅馬教宗李奧十世在開頭寫道「主啊，請裁斷祢的案子吧，有一頭野豬闖進了祢的葡萄園」。換句話說，就是將路德比喻成踐踏葡萄園的野豬。

75

瓦爾特堡*1
路德先生，
誠摯歡迎你的到來。
哇！
您是……

*1 瓦爾特堡：位於德國中部愛森納赫市內的城堡。

薩克森選帝侯*2？
這個人是薩克森選帝侯腓特烈三世*3，支持路德的諸侯之一。
突然把你抓來，真是非常抱歉。
因為我探聽到消息，有人企圖對你不利。
……看來我成了大人物。

*2 薩克森選帝侯：神聖羅馬帝國內擁有選擇皇帝權限的七名掌權諸侯之一。
*3 腓特烈三世（西元1463～1525年）：路德的支持者，威登堡大學的創設人。於逝世前改信路德派。

小知識

薩克森選帝侯腓特烈三世相當熱衷於蒐集聖髑（耶穌基督、聖母馬利亞的遺物，或是聖人的部分遺體、衣物、隨身物品等），據說蒐集品的數量多達一萬九千件以上。每到威登堡教會展示這些聖髑的日子，總會吸引大批巡禮信徒前往參觀。

暫時先在這座城裡躲一陣子吧。

從今天起，

請你自稱騎士喬治*4。

看來我別無選擇。

*4 騎士喬治：路德被查理五世認定為異端分子並遭到放逐後，以這個假名生活了大約一年多的時間。

路德在這座城裡將《聖經》翻譯成德文，

並由墨蘭頓等弟子們宣揚其教誨。

當時活版印刷技術*5蓬勃發展，也是促使批判教會的路德著作廣泛流傳的重要原因之一。

此外，路德還以德文創作聖歌*6，

擄獲了不識字的一般百姓的心。

砰

然而有一部分的支持者，卻做出令路德大為吃驚的舉動。

*5 活版印刷技術：將刻有文字的版型（活版）拼湊起來進行印刷的技術。歐洲在西元15世紀中葉，由谷騰堡將這套技術研發至實用階段，後來也被使用在《聖經》的印刷上（見30頁）。
*6 聖歌：基督教中讚美神的詩歌。

小知識

當時翻譯為拉丁文以外語言的《聖經》都被視為異端，因此一般百姓禁止持有或閱讀路德翻譯的德文版《聖經》。但很多民眾還是願意冒著被發現的風險取得並熱心地閱讀這本德文《聖經》。由於一般民眾看不懂太艱深的文章，因此附上了木版畫插圖的小冊子也相當受到歡迎。多虧這些讀物，改革的理念才得以宣揚開來。

你們要做什麼？

這裡正在做禮拜！

廢話少說！違反教義的是你們！

暴徒們衝進教會，阻礙禮拜的進行，攻擊他人和搶奪財物。

*1 德國農民戰爭：西元1524～1525年發生於德國中南部及周邊一帶的農民起義。農民的訴求為廢除農奴制度等。

長期不滿教會和領主欺壓的農民們，

在西元1524年趁著路德改革浪潮高漲之際，在各地起義造反。

這就是德國農民戰爭*1。

醉心於路德思想的宣教師托馬斯・閔采爾*2煽動圖林根*3的農民們發起暴動。

小知識

閔采爾並不認同路德所秉持的聖經主義（聖經上沒寫的事一概不承認的立場）。他主張「不沉溺於世俗的窮人才能聽見聖靈（神）的聲音」，並且到處攻擊神職人員和有錢人，打著「在凡間建造神之國」的口號，吸引了無數貧窮農民和煤礦工人參與暴動。

老師！閔采爾率眾叛亂！

那男人從以前就打著我的名號做一些激進運動。

羅馬教廷一口咬定老師才是主謀，

目前已有不少諸侯希望老師出面解決這個問題！

別開玩笑了！憑什麼要我對這場混亂負責！

這樣下去，帝國會四分五裂。

*2 托馬斯・閔采爾（約西元1490～1525年）：德國宗教改革家、農民戰爭領袖。
*3 圖林根：德國中部的地區名稱。

……得讓他們安分點才行。

於是路德對反抗領主的暴動農民發出譴責聲明。

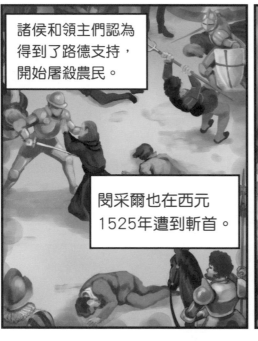

諸侯和領主們認為得到了路德支持，開始屠殺農民。

閔采爾也在西元1525年遭到斬首。

農民們認為自己遭到背叛，但站在路德的立場來看，這並不是背叛。

因為這一部分農民的暴行，

早已偏離了路德改革教會的理念。

路德提倡簡化教會儀式，

以及建立由諸侯派人巡視教區的巡察制度。

西元19世紀的社會主義學者弗里德里希·恩格斯在《德國農民戰爭》一書中主張農民戰爭是大勢所趨。他不僅認為農民是相當重要的革命勢力，並且讚美其領導者托馬斯·閔采爾。

讓巡察官定期巡視教會，可以防止神職人員濫用權力或不當斂財。

諸侯們紛紛表示贊成路德的建議。

然而，部分諸侯的目的只是藉機掠奪教會的龐大財產。

各城市一個接一個響應這股浪潮，

威登堡

法國

神聖羅馬帝國

維也納

如今全帝國已有三分之二的城市背離教會，倒戈轉向路德。

鄂圖曼帝國

◎ 路德派的擴大

羅馬

小知識

有句諺語說「世上絕對看不到的兩樣東西，就是沒有車輪的馬車與不喝酒的德國諸侯」，由此可知德國諸侯人人愛喝酒，而且有不少酒國英雄。以啤酒為例，西元1516年巴伐利亞公爵威廉四世下了一道「啤酒純釀法」，禁止百姓使用大麥、啤酒花和清水以外的材料釀造啤酒，這項法令一直維持到今天。

81

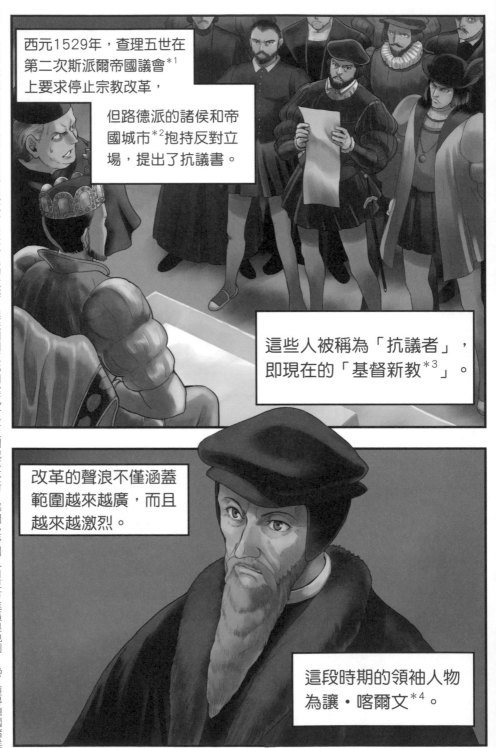

西元1529年，查理五世在第二次斯派爾帝國議會[*1]上要求停止宗教改革，

但路德派的諸侯和帝國城市[*2]抱持反對立場，提出了抗議書。

這些人被稱為「抗議者」，即現在的「基督新教[*3]」。

改革的聲浪不僅涵蓋範圍越來越廣，而且越來越激烈。

這段時期的領袖人物為讓・喀爾文[*4]。

查理五世時期的神聖羅馬帝國可說處於內憂外患的狀態。與法國國王弗朗索瓦一世之間戰事不斷，鄂圖曼帝國又自東方進逼奧地利。為了獲得德國諸侯的援助，查理五世極力想要化解路德派與天主派諸侯之間的對立。因為這個緣故，查理五世在西元1526年的第一次斯派爾帝國議會上對路德派相當寬容。

*1 第二次斯派爾帝國議會：西元1529年於德國中南部的斯派爾舉辦的第二次會議。西元1526年的第一次議會曾讓嚴禁路德派的決議暫緩執行，但第二次議會卻再次強調了這項決議。
*2 帝國城市：指德國自西元13世紀起由皇帝賦予自治權的自由城市。在地位上與諸侯（地方領主）相同。

喀爾文出生於法國，因遭迫害而在西元1535年逃亡至瑞士。

西元1536年，他在該地發表了《基督教要義》。

喀爾文主張世人過於墮落，並鼓勵信徒嚴厲節制自己的欲望。

他的思想逐漸自日內瓦擴散至世界各國。

蘇格蘭王國
英格蘭王國
神聖羅馬帝國
波蘭王國
法國
日內瓦
教宗國
西班牙王國
那不勒斯王國

← 喀爾文派思想的推廣路線

基督新教把羅馬天主教會的教義也當成異端加以排除。

教會書籍、酗酒、自由主義、娛樂……

基督新教禁止的項目多得數不清。

在喀爾文制定的教會規則中，長老會擁有決定一切的權力。

當然也包含將不聽話的信徒開除教籍。

說穿了其實沒什麼。

就只是日內瓦誕生了一個不同於羅馬天主教會的宗教權威。

日內瓦在西元1536年脫離由法國天主教會管轄的薩伏依公國，宣布獨立，並邀請喀爾文於市內建立教會，由於喀爾文訂下的規律相當嚴苛，剛開始有人抱持不滿，但後來漸漸所有人都接受了這套新的制度。日內瓦接納了世界各地逃亡中的手工業者與銀行家，城市因而蓬勃發展。

---

*3 基督新教：自天主教獨立出來的教派，不承認教宗的權威。英文為Protestant，原意為「抗議者」，源自於拉丁文的protestatio（抗議書）一字。　*4 讓·喀爾文（西元1509～1564年）：法國宗教改革家。喀爾文派的創始人。因撰寫《基督教要義》而聲名大噪。

西元1534年，巴黎大學七名學生在蒙馬特山丘上的教堂裡發誓將一生奉獻給天主教，並立志「在同一組織內活動，前往聖地耶路撒冷朝聖，且在該地貢獻一己之力。如果這個目標無法達成，則前往羅馬教宗所指示的任何地點」。這就是耶穌會的起源。

羅馬教廷與新教教會皆指責對方的過錯。

雙方互相引用《聖經》中對自己有利的句子，

至於與己方論點不合的部分則加以曲解或忽略。

剛開始，羅馬天主教廷完全不敵新教的氣勢，

但天主教內部也逐漸出現排除腐敗、自我改革的浪潮。

例如依納爵・羅耀拉[1]建立了一個以羅馬教宗為尊的修道會，名為耶穌會[2]。

*1 依納爵・羅耀拉（約西元1491～1556年）：原本為西班牙貴族，後創設耶穌會，成為第一代總會長。

羅耀拉刻意在盛行基督新教的地區創設學校，推廣天主教教義。

此外，他也致力於在歐洲以外的地區傳教。

里斯本
日本
果亞
澳門
莫三比克
馬六甲
里約熱內盧
沙勿略航行路線
● 致力於傳教的地區

曾造訪日本的方濟・沙勿略[3]也是耶穌會的創始人之一。

*2 耶穌會：以依納爵・羅耀拉為主要創始人的修道會。會士必須遵守嚴格的組織規律，且須對羅馬教宗絕對服從。

*3 方濟・沙勿略（約西元1506～1552年）：耶穌會內的西班牙傳教士。致力於海外的傳教，在西元1549年將天主教帶進日本。

異端審判官（對違反教義的異端分子進行審判的法官）修士海恩里希·克拉馬在西元1486年寫了一本名為《女巫之槌》的書籍，對獵巫運動造成頗為深遠的影響。書中提到會使用妖術的人都是與惡魔簽了契約的異端分子，性別以女性居多，而且唯有火刑才能將其殺死等等。

所謂的女巫，指的是以民俗療法為人治病，或是使用咒語和占卜吉凶的女人。

雖然雙方各自聲稱己方的教義*4才是正道，

然而對女巫的批判，雙方立場卻是一致的。

但是到後來，被當成女巫的都是一些被街坊鄰居討厭的人。

不論是羅馬天主教會，還是基督新教會，都爭相在民眾之中找出女巫並處以火刑。

這就是惡名昭彰的獵巫運動*5。

似乎像是認為，

殺越多女巫越能證明教義的正確性。

*4 教義：宗教上的理念。　*5 獵巫運動：對遭懷疑為女巫的婦人進行迫害的行為。雖然從中世紀就存在類似的風俗，但在西元16至17世紀最為盛行。

亨利八世與亞拉岡的凱薩琳結婚時，羅馬教宗儒略二世特別下詔許可這門親事。因為凱薩琳原本是亨利過世兄長的妻子，依教會法規定，娶哥哥的妻子屬於近親相姦，因此需要教宗的特別恩准。

另一方面，
在英格蘭，

倫敦

同樣也有人打算
發動宗教改革，

只不過是基於更
世俗的理由。

不能離婚？

亨利八世*1

這是為什麼？

因為，

教會本來就不允
許信眾離婚。

沃爾西國務卿*2

*1 亨利八世（西元1491～1547年）：都鐸王朝第二代國王（在位期間西元1509～1547年）。推行中央集權，建立君王至上制度。 *2 沃爾西國務卿（約西元1475～1530年）：全名托馬斯·沃爾西。神職人員兼政治家。在亨利八世的離婚騷動中失去信賴，最後因叛逆罪而遭到逮捕。

啊啊！

沃爾西！

我的心腹好友
托馬斯·沃爾西！

我把你送進教廷，讓你
當上國務卿，不就是要
你幫我處理這種事？

這個人只要叫我
「好友」，肯定沒好事。

亨利八世此時的妻子是
亞拉岡的凱薩琳*3。

她是神聖羅馬帝國皇
帝查理五世的阿姨。

神聖羅馬帝國

查理五世

*3 亞拉岡的凱薩琳（西元1485～1536年）：亨利八世的第一任王后。瑪麗一世（血腥瑪麗）的母親。

由於馬丁·路德的事件剛發生
不久，羅馬教宗克勉七世*4極
力想要拉攏查理五世，因此不
允許亨利與凱薩琳離婚。

哼——

安妮·博林*5

……你應該知道安妮
一直催促我趕快離婚吧？

*4 克勉七世（西元1478～1534年）：或譯克雷芒七世。允許發行贖罪券的李奧十世的堂弟，繼李奧十世之後的下
下任教宗。　*5 安妮·博林（西元1507～1536年）：亨利八世的第二任王后。原本為凱薩琳的侍女。後來的伊莉
莎白一世的母親。

凱薩琳曾經懷孕數次，卻總是生下死胎或流產，唯有瑪麗公主存活了下來。亨利八世一直期盼能有兒子作為繼承人，因此與凱薩琳離婚。瑪麗公主後來繼位為女王，是為瑪麗一世（在位期間西元1553～1558年）。由於她為了推廣天主教而大量屠殺新教徒，因此被後人稱為「血腥瑪麗」。

安妮‧博林不願永遠當國王的情婦，因此想盡辦法要和國王結婚。她似乎認為沃爾西國務卿是故意從中作梗，所以對沃爾西心懷怨恨。西元1530年，沃爾西因叛逆罪遭逮捕，不久後就病死了。

與其說服教宗，為什麼不說服那個女人？

既然是情婦，就不該存有非分之想。

凱薩琳王后雖然年紀比陛下大了一些，

但在陛下率軍遠征時，她表現得相當稱職……

夠了，別說了！我自己想辦法！

亨利八世解除沃爾西的大法官*1職位，

由湯瑪斯‧摩爾*2繼任。

大法官

*1 大法官：英格蘭的最高官銜，過去多由神職人員擔任，但自這個時期開始多了不少由法律家擔任的例子。

但是，

湯瑪斯‧摩爾也不贊成離婚。

不行！

*2 湯瑪斯‧摩爾（西元1478～1535年）：英格蘭的法律家兼政治家。西元1516年寫下的《烏托邦》一書中藉由描述一個虛構的理想社會來諷刺及批判當時的英格蘭社會。湯瑪斯本人是虔誠的天主教徒，在西元1529年繼任大法官後同樣反對國王離婚。

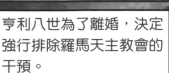

*3 坎特伯里大主教：當時的英格蘭教會組織首長。自亨利八世之後，成為英格蘭國教會的最高位階。

*4 湯瑪斯・克蘭默（西元1489～1556年）：於西元1533年就任坎特伯里大主教，積極推動英格蘭的宗教改革。據說對亨利八世始終毫不妥協。

亨利八世為了離婚，決定強行排除羅馬天主教會的干預。

他不斷召開議會，制定許多宗教改革的法律，使英格蘭的宗教信仰不再受制於羅馬天主教會。

教宗憤怒地革除了亨利八世的教籍。

革籍！

亨利八世制定了許多新的法律。例如國內的訴訟不得上訴至國外的法庭（如此就可以在國內解決國王的離婚問題）、英格蘭國王是英格蘭教會的唯一最高首長等等。此外，也制定了解散修道院的法律，共有超過八百間以上的教會遭沒收財產。

小知識

西元1533年，亨利八世透過坎特伯里大主教*3湯瑪斯・克蘭默*4的名義，

宣布當初與凱薩琳王后的婚姻無效，並與安妮結婚。

不久之後，安妮生了一個女兒，就是後來的伊莉莎白一世*5。

*5 伊莉莎白一世（西元1533～1603年，在位期間西元1558～1603年）：英國都鐸王朝的第五代女王。

89

西元1534年，湯瑪斯‧摩爾因反對亨利八世的一連串政策而遭逮捕入獄。

倫敦塔*1
塔丘刑場

小費！

不用害怕，做你該做的事。

我的脖子很短，你下手要小心點。

咚咚

別砍錯了地方。

遭處刑的湯瑪斯‧摩爾在西元1935年被封為聖人。

英格蘭國教會就在這樣的環境下誕生了。

實際的儀式做法與傳統的羅馬天主教並無太大差別。

倫敦塔的監獄自西元13世紀起就是關達官貴人的地方，但自亨利八世的時代起，遭處刑的人數大量增加。較著名的有湯瑪斯‧摩爾、安妮‧博林、湯瑪斯‧克倫威爾（在國教會創設上有所貢獻的人物）、凱薩琳‧霍華德（亨利八世的第五任王后）等。直到今天，倫敦塔依然不斷傳出鬧鬼的傳聞。

*1 倫敦塔：西元11世紀建於泰晤士河畔的城堡。原本是座要塞，後來多了宮殿、監獄、刑場等各種用途。

但最大的不同，

就在於位居頂點的人物並非教宗，而是英格蘭國王。

安妮·博林死前是在倫敦塔內的王后寢宮等待行刑。但令人感到諷刺的一點，在於這棟建築物正是三年前亨利八世為了舉辦她的王后加冕儀式而下令興建。

亨利八世處死安妮·博林後並沒有為她舉辦喪禮，甚至沒有準備棺材，只是將遺體扔進木箱裡，埋在刑場正前方的教會墓園內。

西元1536年，

亨利八世以叛逆罪將安妮·博林處刑，並與安妮的侍女珍·西摩*2結婚。

*2 珍·西摩（約西元1509～1537年）：亨利八世的第三任王后，愛德華六世的母親。

在接下來的歲月裡，亨利八世不斷重複與王后離婚及處死王后*3，

王后的人數前後加起來多達六人。

*3 珍·西摩在生產後不久就病逝了。第四任王后克里維斯的安妮在結婚半年後離婚。第五任王后凱薩琳·霍華德遭處死。在第六任王后凱薩琳·帕爾的任內，亨利八世病逝。

為了開拓新航路，
歐洲人前仆後繼地進入
一望無際的大海。

歐洲

葡萄牙王國
卡斯提亞王國
亞拉岡王國

紅字為伊斯蘭王國

帖木兒帝國的領土

直布羅陀海峽
納斯里王朝

鄂圖曼帝國

馬林王朝
阿卜德·瓦德王朝
哈夫斯王朝
地中海

馬姆魯克王朝

西元15世紀初期，

地中海沿岸大部分地區受到鄂圖曼帝國和其他伊斯蘭國家所掌控。

基督教商人想要與印度、東南亞、中國等地貿易，必須向鄂圖曼帝國繳交關稅，利潤當然也大打折扣。

就連直布羅陀海峽也落入穆斯林手中，

歐洲

地中海

大西洋

直布羅陀海峽

非洲

船隻要通過都得繳交稅金。

商人們只能選擇向穆斯林商人購買貨品，

或自行運送貨品並承擔高額的關稅。

---

*1 約翰一世（西元1357～1433年，在位期間西元1385～1433年）：葡萄牙國王。為葡萄牙的全盛時期建立基礎。
*2 休達：位於非洲西北方的港口。現今屬於西班牙領地。　*3 里斯本：葡萄牙首都，面對大西洋。　*4 恩里克（西元1394～1460年）：約翰一世的兒子。下令探索非洲西岸，為航海家們提供援助，揭開了大航海時代的序幕。

葡萄牙國王約翰一世[1]心想，

歐洲

有沒有可能在直布羅陀海峽的南方，打開一扇能夠讓基督教徒自由往來貿易的海上之門？

直布羅陀海峽

休達

為了實現這個理想，他決定奪下港灣貿易城市休達[2]。

為了攻占由穆斯林統治的休達，約翰一世向里斯本[3]的商人尋求資金援助，

並於西元1415年派出兩百艘船和五萬兵力前往休達。

約翰一世的三名兒子也隨軍出征。

這三名兒子中包括被後世譽為「航海王子」的恩里克[4]。

在激烈的戰鬥後，
葡萄牙軍成功占領
了休達。

這讓葡萄牙獲得前往非
洲的重要航海據點。

*1 吉爾・埃阿尼什（生卒年不詳）：或譯吉爾・埃亞內斯，西元15世紀的葡萄牙航海家兼探險家。

自西元1433年起，
恩里克陸續將吉爾・
埃阿尼什*1等探險家
的船隊送入非洲。

馬德拉群島
加那利群島　農恩角
博哈多爾角
布蘭科角
維德角群島
維德角
非洲大陸

這些船隊抵達了過去
基督教徒不曾到過的
遙遠非洲南方。

葡萄牙藉由與非洲沿岸居
民貿易，取得大量黃金、
象牙和奴隸，創造了巨大
財富。

*2 尼古拉五世（西元1397～1455年）：西元15世紀中期的羅馬教宗。

羅馬教宗尼古拉五世*2賜給葡
萄牙壟斷異教徒土地和物品的
特權。恩里克過世後，這項貿
易事業依然持續進行。

西元1488年，巴爾托洛梅烏・
迪亞士*3抵達非洲大陸最南端的
好望角*4，為日後印度航路的開
拓奠定了基礎。

里斯本
維德角
埃爾米納
剛果河
莫塞爾灣
（莫瑟灣）
諾洛斯港
好望角　大魚河
—— 去程
—— 回程

*3 巴爾托洛梅烏・迪亞士（約西元1450～1500年）：效忠於約翰二世（見97頁）的航海家，抵達非洲最南端。
*4 好望角：位於非洲大陸南端的海角。迪亞士原本命名為「暴風角」，後來約翰二世抱著發現印度航路的期許更名
　　為「好望角」。自從迪亞士發現後，此地就成為印度航路的中繼站。

迪亞士的船遇上了暴風雨，不斷往南方漂流。為了避免遇難，迪亞士將前進的方向轉為向東，原本以為馬上就能抵達非洲大陸，沒想到航行了許久依然看不見陸地。迪亞士於是又將方向轉為向北，不久後便發現了位於西方的莫塞爾灣。於是迪亞士確信自己的船已通過了非洲的最南端。在回程的時候，迪亞士發現了好望角。

在稍早之前的西元
1485年，

一對父子來到西班牙帕洛
斯港*5的拉比達修道院。

慢慢吃，
不用急。

你們應該受了
不少苦吧？

克里斯多福・哥倫布*6

哥倫布的兒子
迪耶戈

*5 帕洛斯港：西班牙西南邊面對大西洋的港口。

要抱著感謝神的
心情享用喔。

是。

即使飢寒交迫，
舉止依然彬彬有禮。

你們父子看起來不像
是會流落街頭的人。

*6 克里斯多福・哥倫布（西元1451～1506年）：義大利熱那亞出身的航海家。

當時的知識分子已逐漸開始接納「地球是圓的」這種觀念。法國神學家皮耶羅・德伊彙整了各種地球球體學說理論，於西元1480年出版了一本名為《世界之像》的著作。哥倫布將這本書奉為圭桌，據説還根據書中內容計算出地球周長與海陸比例。

我只是個熱那亞的討海人。

但這孩子過世的母親是貴族。

這麼說來你們的身分並不單純？

我不會在這裡久留的，

畢竟我是從葡萄牙國王的宮殿逃出來的人。

你放心吧。

這裡是神聖的地方，就算是國王也不能亂來。

修道院長……

*1 托斯卡內利（西元1397～1482年）：全名為保羅・達爾・波佐・托斯卡內利。出生於佛羅倫斯的天文學家兼地理學家。曾向葡萄牙國王建議「地球是圓的，所以往西走也能到印度」。

由這張托斯卡內利*1 的地圖可以看得出來，

地球是圓的，往西邊走也能抵達印度。

這條路比從南方繞過非洲要近得多！

原來如此。

雖然《聖經》上沒說地球是圓的，

但古希臘文獻確實有過這樣的記載。

所以我向葡萄牙國王約翰二世*2提出了組隊往西方尋找印度的計畫。

既然這樣，為什麼要逃走？

或許是我的要求太多了，

國王最後決定將探險隊交給其他船長帶領。

*2 約翰二世（西元1455～1495年，在位期間西元1481～1495年）：葡萄牙國王。曾派遣巴爾托洛梅烏‧迪亞士往南航行抵達好望角，使印度航路的開拓有了突破性進展。

哥倫布的前半生留下很多不解之謎。後人只知道他出生於義大利的熱那亞，十多歲時就在商船上累積航海經驗，而且曾在葡萄牙的里斯本從事地圖製作與販賣工作。除此之外，他還曾學過拉丁語、西班牙語等多國語言，以及天文學、地理學的知識。

據說哥倫布向約翰二世要求負擔航海費用、授予騎士爵位，

以及成功抵達目的地時的總獲利的一成。

不僅如此，倘若攻占了新領土，必須封自己為該地的總督。

接下來你有什麼打算？

國王不但不答應，

而且還派人監視我，不讓我將這個計畫帶往其他國家。

可以的話，我想以這個計畫向西班牙國王或女王毛遂自薦。

*2 費爾南多王子（西元1452～1516年，在位期間西元1479～1516年）：即後來的亞拉岡國王費爾南多二世、卡斯提亞國王費爾南多五世）。

*1 亞拉岡王國：位於伊比利半島東北方的基督教國家（西元1035～1479年）。

西元1469年，亞拉岡王國*1的費爾南多王子*2與卡斯提亞王國*3的伊莎貝爾公主*4結婚。

卡斯提亞王國 納瓦拉王國
葡萄牙王國 亞拉岡王國
里斯本 托雷多
格拉納達
納斯里王朝

西元1479年，兩國合併為西班牙王國*5，由夫妻兩人共同統治。

你這個計畫太大膽，到底能不能實現，我也不知道。

但既然你在葡萄牙原本已是個成功的船長，

為什麼執意要航向從未到過的海域？

你應該知道那有多麼危險吧？

*3 卡斯提亞王國：位於伊比利半島中央的基督教國家（西元1035～1479年）。
*4 伊莎貝爾公主（西元1451～1504年，在位期間西元1474～1504年）：即後來的卡斯提亞女王伊莎貝爾一世。
*5 西班牙王國：在費爾南多與伊莎貝爾結婚並即位後成立的聯合王國。

我要讓兒子知道父親的決定並沒有錯。

我希望他能明白持續追求夢想是非常重要的事。

國王陛下正為了將這個半島從穆斯林手中奪回而發動戰爭*6，恐怕不會輕易見你。

這我知道。

我相信英格蘭國王一定對新航路有興趣。

如果在西班牙沒有收穫，

我會把兒子託付給住在這裡的亡妻之妹，獨自前往英格蘭。

吱吱

我打算把希望賭在英格蘭。

*6 戰爭：指復地運動（收復失去國土）。自西元8世紀初期至1492年之間，基督教徒將伊比利半島重新自穆斯林手中奪回的戰爭。

99

請等一下！

有位經常與我們修道院往來的貴族，他在宮廷有人脈，

而且他本人對航海相當熟悉。

不如讓他看看你的計畫，請他幫助你如何？

太感謝您了，院長！

你兒子就暫時住在我們修道院裡吧。

這怎麼好意思……

不用放在心上，這是神的旨意。

西班牙 哥多華*
西元1486年5月

*哥多華：西班牙南部的城市，後伍麥葉王朝的首都。

哥多華原本為後伍麥葉王朝的首都，是歐洲數一數二的大都市，擁有大型圖書館、庭園和清真寺。在西元13世紀遭卡斯提亞王國征服，西元15世紀時最大的清真寺（哥多華清真寺）被改建為天主教堂。天主教雙王以這座城市為進攻格拉納達（伊斯蘭納斯里王朝首都）的前線基地。

在這樣的機緣之下，哥倫布得到了向西班牙王室說明計畫的機會。

國王費爾南多並不特別關心，但女王伊莎貝爾卻顯得相當感興趣。

你就是克里斯多巴·哥倫船長？

伊莎貝爾一世

是的！

「克里斯多福·哥倫布」是英語發音；

若以西班牙語發音，則會變成「克里斯多巴·哥倫」。

聽說你一開始是向葡萄牙國王提出這個計畫？

西班牙國內有不少天主教司鐸與修道會相關人士支持哥倫布的航海計畫，理由在於他們認為新航路的發現有助於拓展可傳教地區。當時鄰國葡萄牙已藉由非洲西岸的航路不斷向外傳教，西班牙人不想落於下風。

我就實話實說吧。

之前我確實曾對葡萄牙國王提出這個計畫。

但他卻偷了我的計畫，交給其他人執行。

你確定能賺回船隊的資金？

我向您保證。

我會把這件事交給諮詢委員會審議。

謝謝您！

但哥倫布並沒有馬上得到出航的機會。

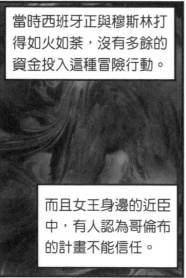

當時西班牙正與穆斯林打得如火如荼，沒有多餘的資金投入這種冒險行動。

而且女王身邊的近臣中，有人認為哥倫布的計畫不能信任。

哥倫布枯等了數年，

這期間曾嘗試再次與葡萄牙協商，也曾經向英格蘭、法國毛遂自薦。

西元1492年1月，伊莎貝爾女王正式拒絕了哥倫布的計畫。

於是，哥倫布動身前往法國。

*1 戰事告終：西元1492年，天主教雙王攻陷伊比利半島南方的伊斯蘭最後據點格拉納達，復地運動至此告一段落。
*2 桑坦赫爾（西元1448～1498年）：全名為路易斯・德・桑坦赫爾。負責在資金面援助哥倫布船隊的亞拉岡王國財政官員。

但是走到半路上……

請等一下，哥倫布！

西班牙與穆斯林之間的戰事告終[1]，伊莎貝爾女王籌到資金，派快馬將哥倫布叫了回來。

有個叫巴爾托洛梅烏‧迪亞士的人物，已經抵達了非洲的最南端，這你應該知道吧？

我們不能讓葡萄牙獨占東方貿易的權利。

財政官桑坦赫爾[2]說可以籌得出資金，

你快組個三艘船的船隊出發吧。

是！

交給我吧！

帕洛斯港

哈哈哈哈哈

哥倫布原本打算一到港口,隔天就找齊船員出海。

但這趟航程實在太危險,沒有船長和船員願意參與。

明明有兩位陛下的命令書,卻找不到人手。

水手都是很迷信的。

除非瘋了,否則誰想進入那片棲息著妖魔的海域?

一個脾氣古怪的瘋子，

你是誰？

決定助你一臂之力。

這男人叫馬汀‧阿隆索‧平松＊。

他不僅是個優秀的船長，而且在帕洛斯港人面很廣，每個船員都敬他三分。

在平松的號召之下，哥倫布迅速募集了足夠的船員。平松可說是這趟航程的幕後功臣。

沙沙沙

＊馬汀‧阿隆索‧平松（約西元1441～1493年）：西班牙的航海家。同時也是船主、經營者。

西元1492年8月3日

沙沙沙…！

哥倫布指揮的聖馬利亞號、

平松指揮的平塔號、

平松的弟弟比森特[1]指揮的尼尼亞號，

帕洛斯港

加那利群島

三艘船自帕洛斯港出航，朝著加那利群島[2]前進。

離開加那利群島後，前方是一望無際的大海，完全看不到陸地。

---

*1 比森特（約西元1460～1514年）：全名為比森特・亞涅斯・平松。平松家三兄弟的么弟，擔任尼尼亞號的船長。二哥弗朗西斯科・馬汀・平松（西元？～1515年）則擔任平塔號的水手長。

*2 加那利群島：非洲大陸西北方七座島嶼的合稱。

……船真的有在前進嗎？

連羅盤也變得不太靈光了。

先別管那些了！

你們看，海裡都是水藻！

海底下一定躲藏著怪物！

我們能活著回去嗎？

當然可以。

苗頭不對，我就把那傢伙幹掉。

船員們在閒聊中，逐漸流露出了心中的不安。

小知識

三艘船的船員據說共約九十人。這些船員除了平松召集來的水手之外，還有以特赦為交換條件的囚犯，聖馬利亞號上還有口譯人員、公證人、王室官員、造船工人、醫生等。平松與弟弟比森特都有豐富的航海經驗，而且贊助了部分航海資金。

107

三名船長討論起了因應對策。

不能再前進了，我們必須立刻返航才行。

船員們越來越不安，這樣下去恐怕會發生暴動。

三天！再前進三天看看！

我的計算絕對不會錯！

我們馬上就要抵達印度了！

事實上，哥倫布的計算是錯的。

倘若世界上不存在美洲大陸，三艘船的人都會在海上渴死或餓死。

不過，

在那之前恐怕哥倫布早已遭船員們殺害。

羅德里哥，去做那個！

羅德里哥，去做這個！

唉！船長雖然對我不錯，但太會使喚人了。

守在這裡有什麼用？根本看不到陸地……

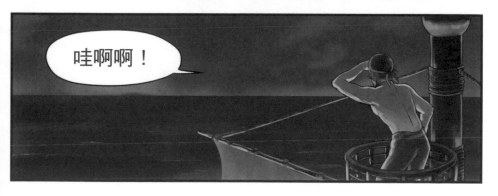

哇啊啊！

西元1492年10月11日至12日之間的深夜。

就在哥倫布說好的第三天即將結束時，

隔天早上，哥倫布登上海岸，並將這座島命名為「聖薩爾瓦多」*1，意思是神聖的救世主。

然而這個島並不屬於印度，而是美洲大陸，現今巴哈馬群島（西印度群島*2的一部分）中的島嶼之一。

*1 聖薩爾瓦多島：哥倫布最先登陸且命名的島嶼。島上原住民稱自己的島為「瓜納哈尼」。
*2 西印度群島：從墨西哥灣到加勒比海一連串島嶼的總稱。哥倫布誤以為抵達印度，才取了這樣的名字（哥倫布的目的地為印度以東的東亞地區，當時歐洲人稱其為「印第亞斯」）。

平塔號的船員發現了陸地。

從船隊離開帕洛斯港算起，這是第七十一天。

由於哥倫布等人相信這裡是印度，所以將當地原住民稱為「印第歐」（印度人之意）。

一行人在附近的島嶼繞來繞去，

大西洋

佛羅里達

1492.10.12抵達巴哈馬群島

古巴

波多黎各島

1492.12.6抵達伊斯帕尼奧拉島

中美洲

太平洋

卻沒有發現哥倫布答應要帶回去給伊莎貝爾女王的黃金。

據說在航海過程中，哥倫布告訴船員們的航行距離比實際測量所得距離少了一成左右。這一來是為了緩和船員們心中「為何還沒有抵達陸地」的不安，另一方面則是哥倫布認為故意隱瞞實際航行距離，將來與天主教雙王交涉時對自己較有利。

不僅如此，平塔號與哥倫布的船隊失散了。

平松！

聖馬利亞號也在伊斯帕尼奧拉島外海*1觸礁。

然而在這個地方，哥倫布終於遇上一群以黃金為裝飾品的原住民。

這裡產金子？

礦山叫……

席巴歐山？

*1 伊斯帕尼奧拉島外海：相當於現今海地共和國外海。
*2 馬可‧波羅（西元1254～1324年）：威尼斯商人。曾造訪中國的元朝首都大都（現今的北京），在忽必烈的朝廷任官長達十七年。回國後遭俘虜，在獄中以口述方式完成《東方見聞錄》一書。

席巴歐？

難道是書中記載的「吉巴古」？

哥倫布是馬可‧波羅[*2]口述的《東方見聞錄》[*3]一書的忠實讀者。此時哥倫布想起書中提到的黃金國「吉巴古」[*4]……

但哥倫布決定把這些謎留到下次來時再好好調查。

哥倫布命令手下將聖馬利亞號拆掉，蓋了一座臨時據點。

西元1493年1月4日，哥倫布將尼尼亞號載不下的三十九名船員留在臨時據點裡，啟程返回西班牙。

[*3] 《東方見聞錄》：又名《馬可‧波羅遊記》。馬可‧波羅口述的遊記。內容介紹了西元13世紀的中亞、中國、印度洋地區的風土民情，提高了西歐人對東方的興趣。

[*4] 「吉巴古」：《東方見聞錄》一書中對日本的稱呼。書內稱這是一座藏有大量黃金和寶石的島嶼。

哥倫布一行人回到國內，朝著天主教雙王所在的巴塞隆納宮殿舉行了一場凱旋遊行。隊伍中跟隨船隊回來的「印第歐」島民和五顏六色的鸚鵡，民眾夾道歡迎，爭相一睹這個奇景。

幸運的是平松的平塔號並沒有沉沒，只是因途中的暴風雨而失聯。

分離了一陣子之後，哥倫布的尼尼亞號再度與平塔號會合。

西元1493年3月15日

一行人回到了帕洛斯港。

回國後不久，平松突然重病去世。

如果沒有他，這趟航行絕對不會成功。

這趟航行的成果讓哥倫布獲得龐大的獎金和海軍提督的職位。

<small>小知識</small>

哥倫布前後總共前往新大陸四次。第一次抵達西印度群島（聖薩爾瓦多、古巴、海地等）；第二次發現牙買加島；第三次登陸美洲大陸並前進至南美洲委內瑞拉東部奧里諾科河附近；第四次更從中美洲宏都拉斯走到巴拿馬沿岸。

後來哥倫布又率船隊前往美洲大陸好幾次，

但直到過世，哥倫布完全不知道那是美洲大陸。

而且，

哥倫布擔任新世界總督的表現，令人不敢恭維。

為了將更多金子送回本國，他在當地不斷掠奪和屠殺原住民。

哥倫布的第二次出航是以殖民為目的，因此率領的船隊多達十七艘（另一說為二十艘）。同行的西班牙軍隊屠殺了許多原住民，奪得的金銀和香料等資源卻沒有當初預期的多。哥倫布的殖民統治計畫以失敗收場，後來又出航了兩次，到頭來還是飲恨而終。

在哥倫布心中，原住民不是人，因此沒有人權。

*1 瓦斯科・達伽馬（約西元1469～1524年）：葡萄牙的軍人兼航海家。在西元1498年繞過好望角，抵達印度。
*2 麥哲倫（約西元1480～1521年）：全名斐迪南・麥哲倫，葡萄牙的航海家。在西班牙援助下，自南美洲的南端橫越太平洋，抵達現今的菲律賓。

哥倫布抵達西印度群島
的六年後，也就是西元
1498年5月，

葡萄牙人瓦斯科・達伽馬[*1]
繞過好望角，自非洲東岸橫
越印度洋，抵達印度。

好望角

葡萄牙於是派出龐
大的艦隊，在亞洲
各地建立殖民地。

西班牙統治地區
葡萄牙統治地區

到了西元1519年8月，

麥哲倫[*2]率領船隊
自西班牙出發，

雖然他本人在菲律賓死於
戰鬥，但他的手下們在西
元1522年9月，達成環繞
世界一周的壯舉。

小知識

佛羅倫斯的航海家亞美利哥・維斯普奇（西元1454～1512年）數次前往南美洲探險，最後回國對外公布哥倫布發現的不是印度，而是過去從沒有人知道的新大陸。後來德國的地理學家瓦爾德澤米勒便根據他的名字，將這塊新大陸命名為亞美利加洲（簡稱美洲）。

西班牙後來又以西印度群島作為據點，不斷派出武裝士兵，占領許多美洲大陸的土地。

西元1521年，科爾特斯*1征服了墨西哥的阿茲特克帝國*2。

西元1533年，皮薩羅*3征服了祕魯的印加帝國*4，奪走所有黃金。

新大陸有著許多歐洲沒有的農作物，如玉米、馬鈴薯、番薯、番茄、可可（巧克力）、菸草等等。當時的西班牙人如此形容可可這種飲料：「把看起來像糞便一樣的東西煮得滾燙，剛開始看了會想吐，但習慣了之後又愛喝得不得了。」

*3 皮薩羅（約西元1470～1541年）：西班牙侵略者。他聽到黃金之都的傳聞，因而入侵祕魯的印加帝國。

*4 印加帝國：由印加族在西元15至16世紀於安地斯山脈一帶建立的巨大帝國，特色為高度技術的石造建築，以及利用結繩的顏色和形狀來統計與記錄數字的技巧。

轟轟 轟

西班牙與葡萄牙一直
掌握著海上霸權，

直到西元1588年，
英格蘭的德瑞克*5所統帥
的艦隊打敗西班牙的無敵
艦隊*6為止。

小知識

當時只要獲得羅馬教宗許可，任何國家都可以任意占領新發現的非基督教土地。然而西班牙與葡萄牙卻為了爭奪海外領土而發生激烈對峙。羅馬教宗於是在西元1493年設定了「殖民地分界線」，以教宗所指定的子午線為界，東方屬於葡萄牙的領土，西方屬於西班牙的領土。

*5 德瑞克（約西元1540～1596年）：全名為法蘭西斯·德瑞克。效忠於英格蘭女王伊莉莎白一世（在位期間西元1558～1603年）的海軍提督。

距離巴爾托洛梅烏·迪亞士發現好望角，剛好過了一百年。

*6 無敵艦隊：西班牙腓力二世（在位期間西元1556～1598年）下令組織的強大海軍艦隊。

殺—
殺—

西元1294年，元朝皇帝忽必烈[1]去世之後，朝廷發生了繼承權的爭奪戰。

原本遭到打壓的漢族也紛紛在各地起義。

*1 忽必烈（西元1215～1294年，在位期間西元1271～1294年）：忽必烈汗，元朝第一代皇帝。西元1279年消滅南宋，統一中國。

其中最重要的勢力——

彌勒降生，拯救眾生！

彌勒降生，拯救眾生！

唰

唰

唰

*2 瑣羅亞斯德教：古波斯宗教，認為這個世界有著對立的善神與惡神，最後（末日）善神將獲得勝利，並拯救善人的靈魂。

西元1351年，雖是佛教宗派卻接納了瑣羅亞斯德教[2]末日思想的白蓮教[3]信徒們發動叛亂[4]。

白蓮教徒相信彌勒佛會降下塵世拯救信徒，作戰時頭上總是綁著紅巾，

因此被稱為紅巾軍。

噠

噠

噠

噠

*3 白蓮教：南宋時期（西元1127～1276年）廣為流傳的佛教宗派組織。信徒多為貧窮百姓，認為彌勒佛會降世拯救眾生。　*4 叛亂：指紅巾軍起義（西元1351～1366年）。由白蓮教所主導的農民抗爭，最後導致元朝滅亡。

小知識

瑣羅亞斯德教認為善神會在審判之日（末日）拯救善良的靈魂。這種末日思想對摩尼教、猶太教、基督教、伊斯蘭等各宗教都產生了影響。其中摩尼教在唐朝傳入中國，到了南宋時期，摩尼教與彌勒信仰融合，產生了白蓮教。

*5 朱元璋（西元1328～1398年，在位期間西元1368～1398年）：明朝開國皇帝，即洪武帝（明太祖）。原為貧民出身，後成為紅巾軍首領，最終建立明朝。

集慶路（後來的南京）

彌勒降生，拯救眾生！

彌勒降生，拯救眾生！

西元1368年，元朝捨棄中原（中國的中心地帶），將政權轉移至北方的蒙古高原，這個時期稱為北元。

但北元在西元1388年被消滅。

取代元朝統治中原地區的是以集慶路（南京）為首都的明朝。

蒙古高原

明朝

集慶路（南京）

明朝開國皇帝朱元璋*5，原本只是個投入紅巾軍的地頭蛇。

＊1 洪武帝：見121頁。　＊2 儒教：對維持社會秩序有所幫助的學問思想，為皇帝制度提供了鞏固的基礎。以孔子為始祖，著重禮教。　＊3 宦官：在後宮或貴族之家工作的男人。須切去生殖器。

朱元璋在南京即位，是為洪武帝[1]。

他一當上皇帝，立刻將紅巾軍的同伴們——一殺死。

並捨棄白蓮教，改為尊崇儒教[2]。

因為比起激進的新興宗教白蓮教，

對統治者而言，還是傳統的儒教思想較為有利。

導致燕王發動靖難之役

＊4 賦役黃冊：記錄農、商階級每一戶人口數及財產數量的戶籍兼賦稅簿冊。由於封面為黃色，故稱黃冊。

下去

他嚴禁宦官[3]掌權，讓所有權力集中在皇帝身上。

此外，他還建立賦役黃冊[4]（戶籍兼賦稅資料）、魚鱗圖冊[5]（土地資料）、里甲制[6]等行政制度，

致力於復興因戰爭而荒廢的農村。

＊5 魚鱗圖冊：記錄土地編號、位置、邊界及持有人稅額的土地登記簿冊。由於土地分界圖看起來像魚鱗，故稱魚鱗圖冊。

洪武帝去世後，建文帝[7]即位。

由於建文帝年紀太輕，他擔心諸王（建文帝的伯叔輩）會干涉朝政，

因此他想盡各種辦法限制諸王的權限。

＊6 里甲制：為了管理農村而制定的村落行政制度。農家以一百一十戶為一里，由較富裕的十戶為里長戶，剩下的一百戶分為十甲，每甲再選出甲首戶。在賦役黃冊的調查、賦稅的徵收及村落治安維持上，各里甲皆負連帶責任。

小知識

自明朝的洪武帝開始，每個皇帝只會有一個年號，稱為一世一元制。在這之前的朝代，一個皇帝的在位期間往往會更換數次年號。日本則是自明治時代之後，天皇才開始固定使用一個年號。

*8 燕王（西元1360～1424年，在位期間西元1402～1424年）：即後來的永樂帝（明成祖），朱元璋的兒子，因統治北京一帶的燕國，故稱為燕王。　*9 靖難之役：發生於西元1399～1402年的內亂。因燕王舉兵是以「平定國難」為口號，所以史稱靖難之役。

然而這個舉動卻引發叔叔燕王*8起兵造反。

西元1399年，燕王攻入南京，奪走帝位，史稱靖難之役*9。

燕王即位，是為永樂帝。

蒙古

北京

明朝

南京

大越
（越南）

永樂帝遷都北京，數次遠征蒙古、越南等地，大幅擴張領土。

*10 足利義滿（西元1358～1408年）：日本室町幕府第三代將軍，在西元1401年與明朝建立交流。

日本室町幕府第三代將軍足利義滿*10在永樂帝時代與明朝進行朝貢貿易*11，獲明朝封為日本國王。

雙方的貿易使用一種名為「勘合符」的信物，因此又稱為勘合貿易*12。

勘合符

*11 朝貢貿易：由中國賜予恩惠的貿易。在名義上為朝貢國向中國皇帝獻上朝貢品，並接受皇帝回賜的禮物。
*12 勘合貿易：日本室町幕府與明朝之間的貿易模式，為日本帶來龐大的利益。西元13～16世紀時期，自朝鮮半島至中國東南沿海一帶有許多海盜和走私集團，這些組織被稱為倭寇（依活動時期可區分為前期和後期）。勘合貿易開始之後，活躍在西元14世紀前期的倭寇逐漸趨於弱勢。

永樂帝在西元1408年編纂了一套世界最大規模的百科全書，囊括所有圖書並加以分門別類，稱為《永樂大典》。光是正文就有22877卷，但大多在清朝末年的戰亂中佚失，現存只有大約八百卷，不到全部的4％。據說在戰爭中曾經被拿來鋪在泥濘的道路上，讓大炮及戰車順利通行。

*1 宗教改革：盛行於西元16世紀歐洲的天主教批判及改革運動（見66頁）。
*2 依納爵・羅耀拉（約西元1491～1556年）：出生於西班牙，在西元1534年創立耶穌會，成為第一代總會長。

沙勿略認為「中國對日本的影響相當大，因此要在日本傳教，必須先在中國傳教」。但他正準備開始在中國傳教時，便於西元1552年病逝於廣州附近的島嶼上。繼承其遺志的耶穌會傳教士開始學習中文、使用中文名字，藉由歐洲的技術和知識取得明、清朝廷的信賴，奠定了傳教的基礎。

西元16世紀，在那遙遠西方的歐洲，

正颳起一陣宗教改革*1的風暴。

*3 耶穌會：天主教的修道會。會士必須遵守嚴格的戒律，且須對教宗絕對服從（見84頁）。

在天主教的自我改革運動（稱為「反宗教改革」）中，由依納爵・羅耀拉*2所組成的耶穌會*3，派出許多傳教士前往亞洲地區。

沙勿略部分前進路線

日本

廣州

馬六甲

例如前往日本傳教的方濟・沙勿略*4。

他本來也想前往明朝傳教，卻在廣州病逝。

*4 方濟・沙勿略（約西元1506～1552年）：西班牙出身的傳教士（見84頁）。

西元1601年，

造訪北京的傳教士中，

有個名叫利瑪竇*5的人物。

*5 利瑪竇（西元1552～1610年）：原名馬泰奧・里奇，義大利出身的耶穌會傳教士。除了傳教之外，在曆法、地理、數學、砲術等各實用學術上也居功厥偉。

*6 徐光啟（西元1562～1633年）：明朝末年的學者兼政治家。接受天主教的洗禮，與利瑪竇一同致力於將西洋知識傳入中國。　*7 歐幾里得（約西元前300年）：古希臘數學家，為平面幾何學（又稱歐幾里得幾何學）奠定基礎，被後人譽為「幾何學之父」。

利瑪竇積極學習中國文化，

為了順利傳教，他根據中國歷史與傳統，巧妙地重新詮釋天主教的教義。

利瑪竇有個相當好學的弟子，名叫徐光啟[6]。

徐光啟加入了天主教，跟隨利瑪竇將歐幾里得[7]的幾何學著作翻譯成中文。

此外，還遺留下介紹農學的《農政全書》，以及介紹西洋天文學與曆法的《崇禎曆書》。

*8 李自成（西元1606～1645年）：明朝末年的叛軍首領。原本只是參與叛亂者之一，西元1636年之後成為領袖。

利瑪竇死後，

中國因飢荒而陷入各地農民紛紛造反的亂世。

西元1644年，李自成[8]率領叛亂百姓攻入北京，逼死皇帝，明朝就此滅亡。

所謂的幾何學，指的是數學領域中專門研究圖形和空間問題的學問。歐幾里得的《幾何原本》是為幾何學奠定基礎的著作，由徐光啟與利瑪竇翻譯成中文。如今我們使用的三角形、直角、平行線等數學詞彙都是由利瑪竇和徐光啟想出的譯名。

125

小知識

臺灣原本並不受中國諸朝統治，在這個時期為荷蘭人的貿易據點。鄭成功到了臺灣後趕走荷蘭人，將此地當成反清復明的基地。後來鄭成功的勢力遭清朝消滅，臺灣成為清朝直轄地。

李自成敗給明朝將軍吳三桂[1]，吳三桂又投降清朝，

中原從此落入清朝的手中。

*2 鄭成功（西元1624～1662年）：在明朝亡國之際持續反抗清朝的領袖，亦曾向日本江戶幕府尋求協助。

明朝滅亡後，鄭成功[2]逃往臺灣，持續著反清復明的激烈軍事抗爭運動。

由於鄭成功的母親是日本人，

西元1715年，日本的近松門左衛門[3]創作了以鄭成功為主角的淨瑠璃（日本傳統戲劇）。

*3 近松門左衛門（西元1653～1724年）：江戶時代前期元祿年間的淨瑠璃、歌舞伎作者，創作超過一百部淨瑠璃作品。

這部名為《國姓爺合戰》[4]的作品後來又被改編成歌舞伎，

成為日本江戶時代最具代表性的文學作品之一。

*4 《國姓爺合戰》：近松門左衛門最具代表性的淨瑠璃作品，以在臺灣推動反清復明的鄭成功為題材。因鄭成功獲賜朱姓（明朝皇族姓氏），故被稱為「國姓爺」。
*5 女真族：又稱女直族。崛起於中國東北地方的民族。曾臣服於元朝和明朝，在明朝末年獨立建國。

*6 努爾哈赤（西元1559～1626年，在位期間　　西元1616～1626年）：即清太祖，清朝的奠基者。原為女真族的優秀首領，統一　　女真族，建立了金國（後金）。

清的歷史開始於女真族*5的努爾哈赤*6，

在西元1616年即位為汗，建立金國（後金）。

康熙帝自八歲即位後，在位期間長達六十一年，創下中國歷朝皇帝在位最長紀錄。第二名是康熙帝的孫子乾隆帝，在位期間六十年。乾隆帝退位時身體依然硬朗，只是為了不超過祖父的紀錄，才在第六十年退位。第三名則是西元前141年即位的西漢武帝，在位期間五十四年。

努爾哈赤的兒子皇太極*7改國號為清，

第三代皇帝順治帝*8在西元1643年即位，當時他才五歲。隔年他入主北京，成為中國的統治者。

由於順治帝年紀太小，叔父睿親王多爾袞*9從旁輔佐。

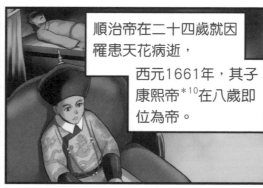

順治帝在二十四歲就因罹患天花病逝，

西元1661年，其子康熙帝*10在八歲即位為帝。

康熙帝年輕時，朝政全由內大臣掌控，

直到十六歲，康熙帝才排除這些人，真正掌握實權。

*8 順治帝（西元1638～1661年，在位期間西元1643～1661年）：即清世祖，清朝第三代皇帝。在西元1644年明朝滅亡後進入北京。　*9 睿親王多爾袞（西元1612～1650年）：為姪子順治帝擔任攝政王，對清朝的發展有極深遠的影響。　*10 康熙帝（西元1654～1722年，在位期間西元1661～1722年）：即清聖祖，清朝第四代皇帝。平定三藩之亂，並征服臺灣的鄭氏勢力，完成中國的統一。

＊1 彼得一世（西元1672～1725年，在位期間西元1682～1725年）：俄羅斯帝國皇帝，又稱彼得大帝，致力於俄羅斯的現代化。 ＊2 《尼布楚條約》：俄羅斯與清朝於西元1689年訂定的條約，約定兩國以額爾古納河和外興安嶺為國界。這對清朝來說是一項對外簽訂的平等條約。 ＊3 馬國賢（西元1682～1745年）：原名馬泰奧‧里帕，義大利出身的耶穌會傳教士。擅長製作版畫與地圖。 ＊4 郎世寧（西元1688～1766年）：原名朱塞佩‧伽斯底里奧內，義大利出身的耶穌會傳教士。在中國歷任三代皇帝的宮廷畫師，將西洋畫技傳入中國。

*5 漢人：又稱漢民族或漢族，指傳承漢朝文化的人民。

小知識

滿州男人會將頭頂的頭髮剃光，只留下後腦的圓形區域，並將頭髮留長後綁成辮子，這個習俗稱為「辮髮」。後來清朝下了「薙髮令」，強迫漢人也留辮髮，口號為「留頭不留髮，留髮不留頭」。漢人是否服從，從髮型便可一目瞭然。

得趕快學會中文才行。

待久了自然就能學會。

這個國家是由滿州人所統治，也就是從前的女真人。

但是以人口比例來看，漢人*5遠多於滿州人。

我完全分不出他們的差別。

很簡單，只要看衣服就知道了。

滿州婦女穿的是旗袍，

那是只有滿州人才能穿的服裝。

至於身穿滿州服、頭戴編笠的人，就是政府官員。

好了，
我們到東堂（聖若瑟教堂）*1了。

在皇帝陛下謁見之前，先在這裡休息一下吧。

好。

瞪

你來看看這個。

我……
我好害怕。

這怪不得你。

*1 東堂（聖若瑟教堂）：康熙帝賜給耶穌會的天主堂，位於紫禁城門旁，又稱王府井天主堂。

*2 利瑪竇：（見124頁）。
*3 南懷仁（西元1623～1688年）：原名菲迪南特‧維比斯特。出身於比利時的傳教士。製作出中國第一座天球儀。

*4 白晉（西元1656～1730年）：原名若阿基姆‧布韋。出身於法國的傳教士。在康熙帝的朝廷任官，製作出《皇輿全覽圖》，並著有《康熙帝傳》。

利瑪竇*2繪製的世界地圖。

這是？

這幅地圖名為《坤輿萬國全圖》，於西元1602年印行於北京，

後來也傳入了正值鎖國期間的日本。

這是南懷仁*3製作的天球儀。

至於，

這位白晉*4正在著手製作的，

則是中國全域地圖。

耶穌會傳教士
白晉

131

這是耶穌會測量出來的地圖？

那當然。

陛下打算將這幅地圖取名為《皇輿全覽圖》。

你可別太小看陛下這個人。

陛下不僅下令蒐集唐朝詩句，編纂出《全唐詩》，

而且囊括所有中國字的《康熙字典》也快要完成了。

我還以為這是個野蠻的國家。

這個國家對於我們的科學和文明，並不像你所想的那麼無知。

當然，

有些人不願意理解，

甚至仇視我們的文明。

法國國王路易十四世（在位期間西元1643～1715年）身為傳教活動的贊助者，也曾獲得這本《康熙帝傳》。

白晉擔任康熙帝的近臣，負責教導皇帝幾何學。他將康熙帝的日常生活鉅細靡遺地寫進《康熙帝傳》一書中，讓歐洲人對清朝有更深入的了解。

但是，

陛下不是這種人。

我會銘記在心的。

＊與郎世寧一同前來中國的傳教士還有義大利人羅懷中（西元1679～1747年），他後來成為宮內的御醫。

紫禁城

我、

我是……

耶穌會派來＊的郎世寧。

康熙帝

陛下問你會不會畫畫。

啊，

是，

我會畫「聖畫」
（以聖經典故為題材的畫）。

陛下說，

你就畫畫看吧。

在、

在這裡？

完成了嗎？

是……

紫禁城這個名稱，取自傳說中天帝所居住的「紫微星垣」一詞。紫禁城雖然建造於明朝永樂帝時期，但現在絕大部分外觀都是在清朝經過修復與增建後的結果。如今的紫禁城被稱為「故宮」，成為一座博物院，已被聯合國教科文組織列為世界文化遺產。

你真努力。

上次陛下不滿意，是因為筆和顏料都不是自己的，

而且構圖也處理得太簡單草率了一些。

只要我

運用遠近法和暈塗法，

確實地發揮西洋繪畫技巧⋯⋯

哎……

如何？

陛下還是
不滿意嗎？

本來我的畫技在耶穌會
裡可是數一數二，這下
子完全沒自信了。

而且陛下特別鍾愛
琺瑯*畫，

面子掛不
住了？

還要求我試著在琺瑯
上作畫呢。

哈哈哈

真不曉得我來中國
做什麼……

你看過中國式
的繪畫嗎？

沒有。

* 琺瑯：指將玻璃材質的釉藥以高溫燒熔的方式使其附著在金屬表面的藝術品。當時紫禁城內的工坊盛行製作這類
作品，稱為琺瑯彩瓷器。

走吧，

出去散散心。

中國人喜歡這種風格的畫？

只要採用這種手法，畫出像這樣的畫，陛下和宮裡的人應該會很滿意。

138

皇上的眼光是
正確的。

我得畫出自己
的畫！

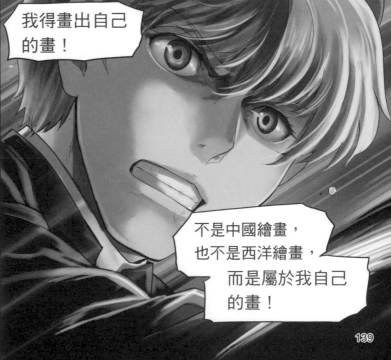

不是中國繪畫，
也不是西洋繪畫，
而是屬於我自己
的畫！

我獻上的那幅畫，
只是單純模仿中國
繪畫而已。

139

陛下很中意你
這幅畫。

微臣真是太
開心了！

陛下！

數年後——

陛下！

平身，

繼續畫吧。

你說過你從前在祖國擅長畫「聖畫」，

那是什麼樣的畫？

「聖畫」的主題是傳達主耶穌的偉大。

這不算是你們的神所禁止的「偶像崇拜」嗎？

確實有人抱持這樣的意見。

但倘若我們只能依賴文字來傳達神的美好，

許多不識字的人將永遠無法獲得神的福音。

我們的心願，是讓不識字的人也能接觸主耶穌的教誨。

原來如此，

為了萬民嗎？

---

*1 雍正帝（西元1678～1735年，在位期間西元1722～1735年）：清朝第五代皇帝。在位期間改革八旗制度、設置軍機處，強化獨裁體制。　*2 乾隆帝（西元1711～1799年，在位期間西元1735～1795年）：清朝第六代皇帝。繼康熙、雍正之後，維持清朝的全盛時期。

你是否願意在這裡終老一生？

當然！

我從一開始便是這麼打算。

郎世寧歷任康熙帝、雍正帝*1和乾隆帝*2的宮廷畫師，

期間不僅創作出許多名畫，還曾負責圓明園*3的洋館和噴水池設計。

*3 圓明園：位於北京郊外的行宮，由雍正帝下令建造。在乾隆帝時期經過整修。風格融合巴洛克藝術和中國藝術，內有噴水池和西洋式建築物。

小知識

郎世寧所畫的
〈乾隆大閱圖〉，

讓現代人看見當
年清朝全盛時期
的皇帝威風。

郎世寧的〈乾隆大閱圖〉如今收藏在北京故宮博物院。畫中的乾隆帝正在主持三年一度的閱兵大典，當時他即位四年，年紀為二十九歲。

6 文藝復興與大航海時代

深入理解漫畫內容

時代總結

本單元注意事項

1 各符號代表意義：血→世界遺產、！→重要詞句、●→重要人物、●→美術品、遺跡

2 重要詞句以粗體字標示，附解說的重要詞句以藍色粗體字標示。

3 同一語詞若出現在兩處以上，將依需要標注參考頁碼。參考頁碼指的是「時代總結」中的頁碼。例：(→ p.○○)

4 年代皆為西元年。西元前有時僅標記為「前」。11 世紀以後的年代除了第一次出現外，有時會以末尾兩位數標示。

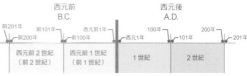

5 人物除了生卒年之外，若是王、皇帝或總統，會標記在位（在任）期間，標記方式為「在位或在任期間○○～○○」。

6 國家或地區名稱略語整理如下：

英：英國／法：法國／德：德國／義：義大利／西：西班牙／奧：奧地利／荷：荷蘭／普：普魯士
俄：俄羅斯／蘇：蘇聯／美：美利堅合眾國／加：加拿大／土：土耳其／澳：澳洲／印：印度／中：中國
韓：韓國（大韓民國）／朝：朝鮮／日：日本／歐：歐洲

年代	西歐				東歐
	西班牙、葡萄牙	英格蘭	義大利 羅馬教宗	神聖羅馬 帝國	拜占庭帝國
1300 年					
1350 年					
1400 年					1396 尼科波利斯 戰役
1450 年				哈布斯堡王朝	
	1479　西班牙王國建立 1488　迪亞士發現好望角 1492　哥倫布發現美洲 1498　達伽馬抵達印度 的卡利刻特 1499　維斯普奇探索南 美洲	都鐸王朝			1453 拜占庭帝國 滅亡
1500 年	1500　卡布拉爾探索巴西				
	1511　葡萄牙占領馬六甲 **哈布斯堡王朝** 查理（卡洛斯）一世 （1516 ～ 56） 1519～22　麥哲倫的船 隊環繞世界一周	亨利八世 （1509 ～ 47） 1534　公布《至尊 法案》（英格蘭國 教會誕生）	1513　李奧十世販 賣贖罪券 1534　耶穌會誕生 1545　召開特倫托 會議	1517　路德發表 《九十五條論綱》 （引發宗教改革） 查理五世（1519 ～56） 1524　德國農民 戰爭	
1550 年	1521　科爾特斯征服墨 西哥，阿茲特克帝國滅亡 1533　皮薩羅征服祕魯 　　　印加帝國滅亡	伊莉莎白一世 （1558 ～ 1603）		1538　普雷韋扎 海戰 1555　《奧格斯堡 和約》 ▼馬丁・路德	
1600 年		1588　擊敗西班牙 無敵艦隊			
1650 年				©PPS 通信社 引導德國宗教改革的 神學家。主張唯有透 過信仰才能讓靈魂獲	
1700 年				得救贖。（→ p.24）	
1750 年					

※ 人物後的數字皆為在位期間

西亞～東南亞	日本	中國・朝鮮
鄂圖曼帝國 1299 建國 穆拉德一世 （約1362～89） 巴耶塞特一世 （1389～1402） 1396 尼科波利斯戰役，擊敗歐洲聯軍	鎌倉時代 1334 建武新政	1351 紅巾軍起義 **明朝** 朱元璋（明太祖/洪武帝） （1368～98）
帖木兒帝國 1370 建國		**李朝** 1392 李成桂建國 （朝鮮王朝）
1402 安卡拉戰役，敗於帖木兒 穆罕默德二世 （1444～46、51～81） 1453 攻占君士坦丁堡	室町時代 1404 與明通商 （勘合貿易）	1449 土木堡之變
塞利姆一世 （1512～20） 1517 征服馬姆魯克王朝 蘇萊曼一世 （1520～66） 1529 維也納包圍戰 1538 於普雷韋扎海戰中獲勝，稱霸地中海		
薩法維波斯帝國 1501 建國 伊斯瑪儀一世 （1501～24）	【東南亞】 1511 葡萄牙占領馬六甲	▼康熙帝 ©PPS 通信社
蒙兀兒帝國 1526 建國 阿克巴 （1556～1605） 1564 廢除人頭稅	安土桃山時代 1543 葡萄牙人漂流至種子島（火槍傳入日本） 1549 沙勿略抵達日本 1587 伴天連（傳教士）驅逐令 1592 文祿之役 1597 慶長之役	清朝的第四代皇帝。八歲即位，執政長達六十一年，創下中國皇帝統治年數的最長紀錄。（→p.35） 1592 壬辰倭亂 （文祿之役） 1597 丁酉倭亂 （慶長之役）
阿拔斯一世 （1587～1629）		
奧朗則布 （1658～1707）	江戶時代 1603 江戶幕府建立 1641 鎖國完成	1644 李自成占領北京，明朝滅亡 **後金、清朝** 1616 建國 清太祖（努爾哈赤，1616～26） 清太宗（皇太極，1626～43） 康熙帝（1661～1722） 1673 三藩之亂 1689《尼布楚條約》 （俄、清）
↓1736 滅亡	1716 享保改革	1704 禮儀之爭 雍正帝（1722～35） 1724 全面禁止基督教 乾隆帝（1735～95）

3

大西洋

蘇格蘭王國

英格蘭王國

神聖羅馬帝國

莫斯科大公國
（14～16世紀）

立陶宛・波蘭王國

法國

教宗國
羅馬

威尼斯共和國

匈牙利王國

黑海

裏海

鹹海

撒馬爾罕

葡萄牙王國

西班牙王國

格拉納達

那不勒斯王國

納斯里王朝
（1232～1492）

地中海

鄂圖曼帝國
（1299～1922）

帖木兒帝國
（1370～1507）

荷莫茲
（忽里模子）

馬姆魯克王朝
（1250～1517）

麥加

佐法爾

亞丁

摩加迪休

巴拉韋

馬林迪

時代總結 歷史地圖

15 世紀的世界

這個時代的歐亞大陸各地皆盛行海上交易。尤其在東亞，因明朝派出鄭和遠征南海，促使海上交易更加發達。琉球、馬六甲等地皆因位居海運要衝而變得繁榮。歐洲的西班牙和葡萄牙不斷開拓前往亞洲的航路（大航海時代）。

李奧納多‧達文西（➡p.20）

李奧納多‧達文西除了是一位知名畫家，同時也是一位科學家，曾繪製人體解剖圖，也曾嘗試製造飛機。他可說是文藝復興時期最博學多才的人物。

©PPS通信社

瓦剌

蒙古

西藏

朝鮮
（1392〜1910）

日本
（室町時代）

明朝
（1368〜1644）

太平洋

德里蘇丹國
（1206〜1526）

泉州

廣州

琉球王國

巴赫曼尼蘇丹國
（1347〜1527）

大越（黎朝）
（1428〜1527）

大城王國
（1351〜1767）

毗奢耶那伽羅王朝
（1336〜1649）

卡利刻特

大城

昆闍耶

占婆
賓童龍

奎隆
（科蘭）

可倫坡

印度洋

蘇木都剌

馬六甲王國
（14世紀末〜1511）

鄭和下西洋（➡p.33）

©PPS通信社

鄭和是出身雲南的宦官，信奉伊斯蘭。在永樂帝的命令下，他率領龐大艦隊遠征南海諸國。船艦中最大的一艘名為寶船，足足有哥倫布使用的帆船的五倍大。

巨港
（巴林馮或舊港）

滿者伯夷王國
（約1293〜1520）

圖班

← ← 鄭和的航線
—— 馬六甲王國的範圍

5

大西洋

蘇格蘭王國

英格蘭王國

神聖羅馬帝國

法國

葡萄牙王國

西班牙王國

俄羅斯帝國
（莫斯科大公國）

鹹海

裏
海

黑海

地中海

鄂圖曼帝國

薩法維波斯帝國
（1501～1736）

這時期的美洲大陸

阿茲特克帝國

特諾奇提特蘭

巴拿馬

基多

印加帝國

利馬

庫斯科

里約熱內盧

布宜諾斯艾利斯

大西洋

葡萄牙領土

西班牙領土

葡萄牙領土

西班牙領土

莫三比克

©PPS 通信社

科爾特斯
（1485～1547年）

皮薩羅
（約1470～1541年）

科爾特斯是西班牙貴族出身的
侵略者，在西元1521年征服了
阿茲特克王國。皮薩羅則是在
西班牙國王的許可下，在西元
1533年征服了印加帝國。

李舜臣使用的龜甲船

©PPS 通信社

朝鮮將軍李舜臣（➜
p.34）率領水軍抵抗豐
臣秀吉的侵略，獲得最
後的勝利。以鐵皮包覆
甲板的龜甲船在戰役中
發揮極大的功用。

朝鮮
（1392～1910）

日本
（戰國～安土桃山時代）

種子島
（1543 年葡萄牙人
漂流至此地）

明朝
（1368～1644）

✚ 沙勿略至日本傳教
（1549年）

太平洋

蒙兀兒帝國
（1526～1858）

果亞

卡利刻特

可倫坡

馬尼拉

印度洋

馬六甲

🌸 辛香料的主要產地

摩鹿加群島

時代總結 歷史地圖

16 世紀後期的世界

亞洲的伊斯蘭三帝國（鄂圖曼帝國、薩法維波
斯帝國、蒙兀兒帝國）和明朝相當強盛。此
外，美洲大陸的銀礦流入歐洲和亞洲，促使經
濟活動變得熱絡。

1 鄂圖曼帝國的發展

西元16世紀的鄂圖曼帝國，疆域廣及歐、亞、非三洲。

帖木兒帝國是如何建立的？

1 帖木兒帝國的興亡

統治中亞地區的**察合臺汗國**[*1]在西元14世紀中葉分裂為東西兩國，西察合臺汗國出身的帖木兒建立了**帖木兒帝國**（西元1370～1507年），以**撒馬爾罕**[*2]為首都。帖木兒的目標是復興蒙古帝國，他統一了東西察合臺汗國後向西進軍，在**伊兒汗國**[*3]滅亡後吞併其領土，同時侵略北方的**欽察汗國**[*4]及南方的北印度，建立廣大的領土。接著，他進軍小亞細亞（安那托利亞），在西元1402年的**安卡拉戰役**[*5]中俘虜

帖木兒
（在位期間西元 1370 ～ 1405 年）
帖木兒帝國的開國君主。以復興蒙古帝國為目標，一生都在征戰中度過。但另一方面，他也是偉大的城市建設者。他讓許多技術人員和學者移居撒馬爾罕，使撒馬爾罕成為當時中亞地區的政治、經濟與文化中心。

©PPS通信社

▼帖木兒帝國的領土（約西元 15 世紀）

了鄂圖曼帝國的巴耶塞特一世（→p.10）。但是當他為了攻打明朝（→p.32）而率軍東行之際，卻在半路上病亡。帖木兒死後，族人互相征伐，最後帝國遭烏茲別克族（突厥裔遊牧民族）消滅。

2 帖木兒帝國的文化

　　帖木兒死後，帝國雖然歷經數次分裂與統一，但城市規畫漸趨完善，首都撒馬爾罕出現許多宏偉的清真寺（伊斯蘭的禮拜場地）及馬德拉沙（學院）。不僅如此，第四代君王烏魯伯格*6更建設了天文臺，鑽研天文學和曆法，讓文化更上一層樓。

鄂圖曼帝國是如何興盛的？

1 鄂圖曼帝國的建立

　　突厥人持續向西方侵略，西元1299年在安那托利亞西北方建立了**鄂圖曼帝國**。西元1366年，**穆拉德一世***7更進軍巴爾幹半島，定都於**阿德里安堡**。西

*1　西元1227年～14世紀後期。由成吉思汗的二子察合臺和其子孫所建立的國家。

*2　中亞地區的核心城市。因成為帖木兒帝國的首都而繁榮一時。

*3　西元1258～1353年。由旭烈兀（忽必烈的弟弟）建立於伊朗高原的蒙古國家。領土涵蓋現今伊朗至伊拉克一帶。

*4　西元1243～1502年。由拔都於俄羅斯南部建立的蒙古國家。

*5　西元1402年發生於土耳其安卡拉（安哥拉）近郊的戰役。帖木兒帝國在這場戰役中打敗鄂圖曼帝國，一度獲得小亞細亞地區的統治權。

*6　在位期間西元1447～49年。第三代君主沙哈魯的兒子。學術評價非常高，曾在馬德拉沙教授天文學。但後來兒子阿不都・剌迪甫反叛，烏魯伯格戰敗後遭到殺害。

*7　在位期間約西元1362～89年。鄂圖曼帝國第三代蘇丹。

▼撒馬爾罕的雷吉斯坦廣場　　　　　廣場上共有三座馬德拉沙。在這類學院研習伊斯蘭學問的學者被稱為烏理瑪。

©PPS 通信社

元1396年，**巴耶塞特一世**[8]在**尼科波利斯戰役**[9]中擊敗了由巴爾幹諸國和德、法、匈等國的聯軍。但之後巴耶塞特一世卻在安卡拉戰役中大敗，遭帖木兒俘虜。

[8] 在位期間西元1389～1402年。鄂圖曼帝國第四代蘇丹。

[9] 西元1396年，鄂圖曼帝國軍隊打敗匈牙利國王西吉斯蒙德所率領的聯軍。

❷ 鄂圖曼帝國的擴張

穆罕默德二世[10]在西元1453年占領君士坦丁堡，消滅了**拜占庭帝國**[11]。**塞利姆一世**[12]打敗什葉派的薩法維波斯帝國（→p.12），進軍敘利亞，並在西元1517年消滅**馬姆魯克王朝**[13]，吞併埃及。由於獲得兩聖地麥加、麥地那的統治權[14]，鄂圖曼帝國的**蘇丹**[15]因此獲得**哈里發**[16]政治繼承人的地位（蘇丹哈里發制度）。到**蘇萊曼一世**的時期，鄂圖曼帝國的國力達到顛峰。蘇萊曼先占領匈牙利，接著在西元1529年**包圍維也納**[17]，成為神

▼蘇萊曼一世（在位期間西元 1520～66 年）

鄂圖曼帝國第十代蘇丹。他制定國內各種制度，使國力達到顛峰，被譽為「立法者」。　　　PPS通信社

▼鄂圖曼帝國的發展

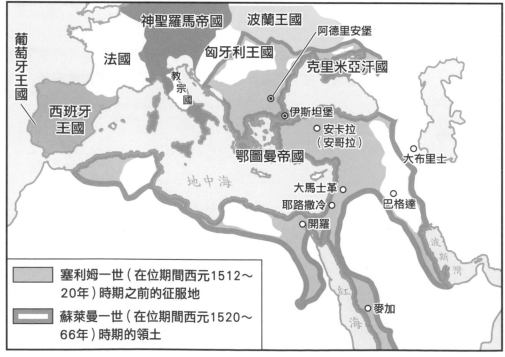

神聖羅馬帝國　波蘭王國

法國　匈牙利王國　阿德里安堡

葡萄牙王國

西班牙王國

教宗國

克里米亞汗國

伊斯坦堡

安卡拉（安哥拉）

鄂圖曼帝國

大布里士

地中海

大馬士革

耶路撒冷

開羅

巴格達

波斯灣

紅海

麥加

塞利姆一世（在位期間西元1512～20年）時期之前的征服地

蘇萊曼一世（在位期間西元1520～66年）時期的領土

聖羅馬帝國查理五世（→p.24）心中的巨大隱
憂。西元1538年的**普雷韋扎海戰**[18]，鄂圖曼
帝國打敗由西班牙、威尼斯、馬爾他騎士團
和羅馬教宗軍隊所組成的聯合艦隊，就此掌
控地中海霸權。到了西元1569年，塞利姆二
世才正式給予法國人居住和通商的特權[19]。

鄂圖曼帝國是如何變得繁榮的？

① 以伊斯蘭教法為基礎的政治模式

鄂圖曼帝國是一個有著嚴謹行政劃分的
中央集權國家，將領土區分為州、縣和郡。
蘇丹雖是專制君主，但施政上卻以伊斯蘭教
法為基礎。伊斯蘭教法源自於穆罕默德的言
行教誨，對日常生活的禮拜和刑罰都有相關
規定。蘇丹除了擁有騎士團作為常駐軍隊之
外，還強制徵調征服地的基督教徒子弟，整
編為**耶尼切里軍團**[20]。鄂圖曼帝國賦予國內
的米利特（指同樣相信上帝的基督教徒以及
猶太教徒）自治
權，但條件是必
須繳納稅金。藉
由這樣的制度，
穆斯林與非穆
斯林能夠和平共
存。

▼耶尼切里軍團

©PPS 通信社

鄂圖曼帝國的常駐步兵軍
團。這支受過嚴格訓練且
直屬於蘇丹的精銳軍隊，
是鄂圖曼帝國在歐洲征戰
的主要戰力。

[10] 在位期間西元1444～46、1451～
81年。鄂圖曼帝國第七代蘇丹。

[11] 西元395～1453年。東羅馬帝國的
別稱。首都君士坦丁堡在羅馬帝國分
裂後仍是基督教文化圈的中心城市。
第四次十字軍東征後國力漸衰，最終
遭鄂圖曼帝國消滅。君士坦丁堡後來
更名為伊斯坦堡。

[12] 在位期間約西元1512～20年。鄂
圖曼帝國第九代蘇丹。

[13] 西元1250～1517年。統治埃及和
敘利亞地區的伊斯蘭順尼派國家。

[14] 麥加位於阿拉伯半島西側，為伊斯
蘭第一聖地，自古便是相當繁榮的宗
教和商業城市。麥地那為伊斯蘭的第
二聖地，位於麥加北方，有著穆罕默
德的墳墓。能夠統治這兩個城市對穆
斯林而言具有非常重大的意義。

[15] 指伊斯蘭順尼派的政治領袖。第一
位蘇丹是塞爾柱王朝的建立者圖林里
勒·貝格。

[16] 指烏瑪（伊斯蘭社群）的領導者，
原意為先知穆罕默德的「繼承者」。

[17] 蘇萊曼一世聯合法國，以十二萬大
軍包圍神聖羅馬帝國的維也納，但由
於氣溫驟然下降，大約二十天後便退
兵了。

[18] 鄂圖曼帝國的海軍實力較差，最終
靠奇襲獲得勝利。

[19] 指賜給歐洲諸國的通商特權。早在
蘇萊曼一世時期便已形成慣例，但直
到西元1569年，才由塞利姆二世正式
對法國人發出許可。後來被解釋為關
稅自主權，演變成不平等條約。

[20] 「耶尼切里」意思是「新軍」。鄂
圖曼帝國徵調征服地的基督教少年，
加以訓練後整編為步兵軍隊，用以南
征北討。另一方面，騎士團的騎士們
則是擁有土地的徵稅權，作為從軍的
報酬。

② 伊斯坦堡的整頓

穆罕默德二世重新整修托普卡匹皇宮，使其成為施政中心機構。此外，亦致力於整頓城市，結合清真寺與醫院，修復羅馬時期的水道系統。到了西元16世紀中葉，伊斯坦堡出現許多**咖啡廳**[21]，變得相當熱鬧（見第7卷）。

號稱土耳其建築最高傑作的**蘇萊曼清真寺**血也是興建於這個時期。這座建築物是由蘇萊曼一世下令興建，以西元6世紀的**聖索菲亞大教堂**[22]為模仿對象。

▼托普卡匹皇宮

學研資料課

位於伊斯坦堡的鄂圖曼帝國宮殿。名稱源自於大炮（托普）架設在門（卡匹）上之意。

[21] 大約自西元15世紀起，阿拉伯半島上的人便開始飲用咖啡。穆斯林不能飲酒，因此，咖啡廳成為娛樂休閒和資訊流通的場所。從這時期之後，喝咖啡便成為本地的習慣。

[22] 拜占庭風格的著名教堂，由查士丁尼大帝重建。

薩法維波斯帝國是如何興盛的？

① 薩法維波斯帝國的誕生

帖木兒帝國在伊朗地區步上衰亡，伊斯瑪儀一世於西元1501年建立的**薩法維波斯帝國**[23]取代其地位。伊斯瑪儀一世原本是密教團體的領袖，後來率領遊牧民族攻占大布里士，並以此地為首都。薩法維波斯帝國以伊斯蘭什葉派[24]（十二伊瑪目派）為國教，致力於凝聚國內向心力。此外，為提高民族意識，伊斯瑪儀一世使用了自阿契美尼德波斯帝國以來便象徵君王的「沙阿」稱號。

[23] 西元1501～1736年。以伊朗高原為據點的伊斯蘭什葉派國家。在西元16世紀末定都伊斯法罕後國力達到顛峰，但在西元18世紀遭阿富汗人消滅。
[24] 以阿里和他的子孫為穆罕默德繼任者的伊斯蘭諸派總稱。十二伊瑪目派是什葉派中最大的宗派。伊瑪目是伊斯蘭領袖之意。

血 蘇萊曼清真寺

學研資料課

鄂圖曼式建築中最具代表性的清真寺。由建築師希南所設計，完成於西元1557年。

▼薩法維波斯帝國的勢力範圍

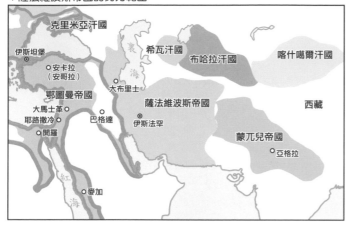

▼伊斯瑪儀一世
（在位期間 1501～1524 年）

趁著帖木兒帝國衰亡之際
統治了西亞伊朗地區的君
王。　　　©PPS通信社

② 薩法維波斯帝國的發展

　　薩法維波斯帝國的國力在阿拔斯一世*時期達到
顛峰。阿拔斯一世建立了由奴隸組成的軍隊，成功
自鄂圖曼帝國手中奪回一部分領土。

　　他將首都遷往**伊斯法罕**[*25]，並以清真寺和庭園
造景點綴這座新首都。此外，他積極與歐洲諸國建
立外交和通商關係，獎勵貿易，輸出波斯地毯等商
品至外國，讓首都極度繁榮，因而擁有「伊斯法罕
就是世界的一半[*26]」這種讚美。不論是建築或美
術，薩法維波斯帝國在這個時期都有顯著的發展。

👤 阿拔斯一世（在位期
間西元 1587～1629 年）

薩法維波斯帝國第五代君
王，建立中央集權的統治
體制。　　©PPS通信社

▼伊斯法罕「君王廣場」上的伊瑪目清真寺

學研資料課

[*25] 建立於伊朗中部的新首
都，在西元17世紀成為商
業和文化中心。

[*26] 讚美伊斯法罕繁榮景象
的諺語。以「君王廣場」
為中心，市內到處可見美
麗的建築物。在西元17世
紀成長為國際商業重鎮，
人口達到五十萬，足以媲
美伊斯坦堡、巴黎等大城
市。

2 大航海時代

自西元15世紀末起，歐洲人便藉由航海及探險，不斷開拓出前往亞洲和美洲的新航線。

大航海時代是怎麼開始的？

❶ 大航海時代的背景

　　因十字軍東征及馬可·波羅（見第5卷）的《東方見聞錄》（《馬可·波羅遊記》）一書的刺激，歐洲人對亞洲的興趣大增。加上亞洲特產的辛香料[*1]（→p.31）在歐洲相當受歡迎，足以讓人一夜致富的金礦更是讓許多歐洲人趨之若鶩。從這個時期起，歐洲人便一直在尋找不必透過穆斯林商人或威尼斯商人轉手，且不會被鄂圖曼帝國妨礙的新貿易航線。

❷ 葡萄牙的海上探索

　　進入西元15世紀後，葡萄牙的**「航海王子」恩里克**[*2]屢次派遣探險隊前往非洲西岸。西元1488年，**巴爾托洛梅烏·迪亞士**[*3]抵達非洲大陸最南端的**好望角**。西元1498年，瓦斯科·達伽馬成功繞過好望角，進入非洲東岸，最後抵達印度的卡利刻特。達伽馬成功帶回辛香料，從此建立起由歐洲直接前往亞洲的印度航路。印度航路的開拓為葡萄牙王室帶來龐大財富，也讓首都里斯本成為世界商業中心。此外，西元1500年葡萄牙人**卡布拉爾**的船漂流至巴西，意外讓巴西成為葡萄牙領地。

[*1] 最具代表性的辛香料為胡椒。歐洲人經常吃肉，因此需要辛香料來調味及保存食物。例如在西元14世紀的威尼斯，胡椒的價值相當於同等重量的銀，可見多麼珍貴。

[*2] 西元1394～1460年。葡萄牙國王約翰一世的兒子。積極推動開拓新航路，因而得到「航海王子」的美名。

[*3] 約西元1450～1500年。葡萄牙航海家。原本將非洲南端的海角命名為「暴風角」，但是葡萄牙國王約翰二世將其更名為「好望角」，希望能在印度航路的拓展上搏個好彩頭。

[*4] 西元1493年，羅馬教宗畫出一條子午線，以線的東西兩側界定西班牙和葡萄牙的殖民地。西元1494年，兩國簽訂《托爾德西拉斯條約》，重新定義界線。

👤 **瓦斯科·達伽馬**
（約西元 1469 ～ 1524 年）
葡萄牙航海家。西元1497年7月帶著四艘船自里斯本出港，西元1498年5月抵達印度的卡利刻特，西元1499年回到里斯本。但船隻只剩三艘，船員更是少了三分之二。

©PPS 通信社

14

▼大航海時代歐洲人的航海與探險地圖

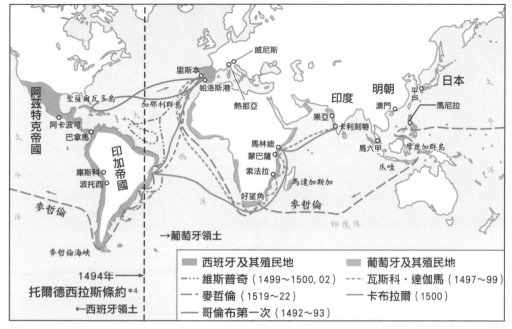

西班牙是怎麼往海外發展的？

❶ 西班牙的海外探索

　　西元1492年，西班牙女王**伊莎貝爾**[*5]派遣哥倫布📖出海尋找前往印度的新航路。哥倫布深信天文學家**托斯卡內利**[*6]的主張，認為橫越大西洋也能抵達印度，最後抵達的卻是加勒比海的聖薩爾瓦多島。後來他又登陸現今美洲大陸沿岸，但他一直到過世之前都以為那是印度。義大利航海家**亞美利哥·維斯普奇**[*7]在探險過南美大陸後，證實該大陸並非亞洲，當時的人因此將這片新大陸以他的名字命名為亞美利加洲（簡稱美洲）。

　　葡萄牙人麥哲倫📖在西元1519年獲得西班牙國王的援助，以由東向西的方向尋找前往摩鹿加群島的航路。他的船隊先橫越大西洋，接著繞過南美大

[*5] 在位期間西元1474～1504年。卡斯提亞王國的女王。

[*6] 西元1397～1482年。佛羅倫斯的天文學家、地理學家兼醫生。主張地球是圓的（地球球體理論）。

[*7] 西元1454～1512年。佛羅倫斯的商人兼航海家。在西元1501～02年的探險後，確認南美洲為新大陸。

15

▼托斯卡內利的地圖　　　　　　　　　　　©PPS 通信社

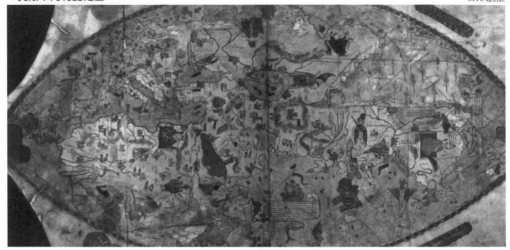

陸最南端的麥哲倫海峽，進入太平洋，並在西元1521年抵達菲律賓。麥哲倫在此地去世，但他的部下繼續航行，穿過印度洋，最後成功回到西班牙。這是人類第一次環繞世界一周，證明了地球確實是圓的。

② 西班牙征服美洲

在歐洲人抵達美洲之前，美洲長久維持著獨立的高度文明（見第8卷）。但西班牙的一群「侵略者」卻征服了這片廣大的土地。西元1521年，**科爾特斯**[8]打敗**阿茲特克帝國**[9]，征服墨西哥。西元1533年，**皮薩羅**[10]消滅祕魯**印加帝國**[11]，將原住民當成奴隸使喚，逼迫他們在大農場或礦坑裡工作。後來原住民人口銳減，勞動人力不足，統治者又從非洲運來**黑人奴隸**。

▼哥倫布

©PPS 通信社

▼麥哲倫

©PPS 通信社

👤 哥倫布
（西元 1451 ～ 1506 年）
出身熱那亞的航海家。深信自己抵達的陸地為印度，因而將該地原住民稱為「印第歐」（印度人之意），美洲的「印第安人」一詞正是由此而來。

👤 麥哲倫
（約西元 1480 ～ 1521 年）
葡萄牙航海家。西元1519年帶著五艘船自西班牙出發，歷經超過一百天的航行，橫越了太平洋，在西元1521年抵達菲律賓。麥哲倫在此地去世，他的十八名部下繼續航行，完成了環繞世界一周的壯舉。

[8] 西元1485～1547年。西班牙侵略者。西元1521年占領特諾奇提特蘭，消滅了阿茲特克帝國，西元1523年成為墨西哥總督。

[9] 西元15～16世紀，阿茲特克人在墨西哥中央高原建立的帝國。特諾奇提特蘭建立於西元14世紀，阿茲特克人以此為據點統治整個墨西哥中央高原。

[10] 約西元1470～1541年。西班牙侵略者，消滅了印加帝國。

[11] 西元15～16世紀，印加人在安地斯山脈一帶建立的帝國。

大航海時代的帆船

↑哥倫布的聖馬利亞號
（複製）　　　　©PPS 通信社

　　在大航海時代裡，哥倫布所使用的帆船為克拉克帆船，西班牙稱為「拿歐船」，這是一種遠洋航海專用的大型帆船。這個時代的帆船可說五花八門，現在就讓我們來瞧一瞧。

1 巴夏船

　　「巴夏」在斯洛維尼亞語中即為小船之意。這是一種單桅的小型帆船，多用於地中海上的貿易。西元1433年航海家們在葡萄牙航海王子恩里克的命令下前往非洲西北部沿岸探險，使用的也是這種小船。這種船由於船舷低且沒有甲板蓋，不適合波浪較大的遠洋航海，卻是為大航海時代揭開序幕的先驅。

2 柯克船

　　柯克船是一種有著維京船特徵的中型帆船。西元13至15世紀，威尼斯或漢撒同盟等大多使用於貿易上。有些柯克船會為了因應戰鬥而在船首和船尾加裝士兵的立足平臺，或在船桅上裝設眺望臺。初期的柯克船只有一根船桅，後來發展為兩根。自柯克船開始，決定方向的尾舵形狀才漸趨成熟。

↑柯克船　　　　　　　　©PPS 通信社

3 卡拉維爾帆船

　　卡拉維爾帆船出現於西元15世紀，基本用途為漁獵和經商，特徵在於有三根船桅且帆為三角形（三角帆在遇到逆向或側

↑卡拉維爾帆船　　　　　©PPS 通信社

向風時也能前進）。在葡萄牙開拓好望角航路之後，為了更適合遠距離航行，船帆改成四角形。這種船採用古羅馬商船技術，製作方式為在骨架上裝設外圍平板。這是第一種真正為了遠洋航行而設計的帆船，亞美利哥・維斯普奇和瓦斯科・達伽馬都曾使用過。

4 克拉克帆船

「克拉克」在阿拉伯語中為「商船」之意。這是一種專為遠洋航行設計的帆船，擁有抵禦大浪的能力，而且內部相當寬敞。它繼承了柯克船和卡拉維爾帆船的優點，前方兩根船桅使用四角帆，後方的船桅則使用三角帆。如此一來遇到逆風或側向風，都能維持穩定的前進速度。船身看起來又圓又胖，尺寸較大者甚至可容納上千人。這是第一種

↑ 克拉克帆船（拿歐船）
©PPS 通信社

在船舷上裝設大炮的帆船，哥倫布所乘坐的聖馬利亞號正是這種船。

5 加利恩帆船（又譯蓋倫帆船）

與克拉克帆船相較之下，加利恩帆船的船首較窄而船尾較寬，船桅的數量也增加了，可說是最適合戰鬥的帆船。方形船尾和有著尖角的船首高臺上皆裝設了小型炮，兩側船舷和甲板上則裝設大炮。使用期間從西元16世紀末期到19世紀，無論是阿卡波可（墨西哥）與馬尼拉（菲律賓）之間的西班牙貿易海運，還是西元1588年發生於英國和西班牙之間的無敵艦隊海戰（見第7卷），加利恩帆船都是主角。

↑ 加利恩帆船
©PPS 通信社

3 文藝復興

> 從西元14到16世紀，歐洲掀起一股名為文藝復興的文化運動熱潮。民眾開始追求人性的自由與解放。

文藝復興是怎麼開始的？

1 文藝復興的開端

進入中世紀末期，西歐因十字軍東征使東西方貿易變得活絡，各城市也隨著蓬勃發展。西元14世紀後，義大利的城市開始出現文藝復興[!]風氣，世人想擺脫神和教會所形成的禁錮，追求真正的人性自由與解放。

文藝復興運動的核心價值觀為**人文主義**（或稱人性主義），抱持這種觀念的知識分子便被稱為人文主義者。這些人致力於研究希臘、羅馬文化，雖然生活在天主教影響深遠的時代，卻追求著更符合人性的生活方式。

2 各國的文藝復興運動

義大利的文藝復興運動以**佛羅倫斯**[*1]為中心，許多藝術家在大財閥梅迪奇家族[!]的贊助下得以一展長才。其後文藝復興的風氣傳到**羅馬**[*2]。

不久之後，這股風潮又傳到盛行毛織產業的**低地諸國**[*3]和英格蘭、法國、西班牙等國家。英、法、西這三國在國王的大力推動下，文藝復興文化更加興盛。

用語解說

📖 文藝復興

文藝復興的英文為Renaissance，原意為「重生」。在中世紀的歐洲，教會原為一切價值的核心，但有一群人開始崇尚希臘、羅馬文化，並追求更加人性的文化生活。

📖 梅迪奇家族

義大利佛羅倫斯的富豪家族，藉由金融業獲得成功。進入西元15世紀後，家族領袖科西莫成為佛羅倫斯共和國元首。到了其孫子羅倫佐的時代，梅迪奇家族的顯赫達到顛峰。

▼羅倫佐・德・梅迪奇　©PPS 通信社

讓梅迪奇家族的顯赫達到顛峰，並致力於宣揚文藝復興藝術。

[*1] 在梅迪奇家族的支持下成為義大利文藝復興的中心城市，盛行毛織產業與金融業。
[*2] 羅馬的文藝復興文化推動者為羅馬教宗。
[*3] 相當於現今荷蘭、比利時等國。

文藝復興文化包含哪些部分？

① 文藝復興的文學與美術

　　義大利著名作家有創作《神曲》的**但丁**[4]，以及**薄伽丘**[5]。在低地諸國地區，則有**伊拉斯謨**[6]創作的《愚人頌》諷刺社會。在英格蘭，最著名的作家為**喬叟**[7]和莎士比亞👤。此外，還有創作了《烏托邦》的湯瑪斯·摩爾、創作《隨筆集》的蒙田、創作《唐吉訶德》的塞萬提斯等。**馬基維利**[8]在《君主論》一書中基於近代觀點提出了政治主張。

　　到了西元15世紀前期，寫實主義開始盛行。羅馬的聖彼得大教堂亦在西元16世紀重新整修，這座大教堂有著巨大穹頂，可說是最具代表性的**文藝復興式**建築。在雕刻方面，有創作〈大衛像〉的**米開朗基羅**[9]，以及李奧納多·達文西👤。此外，**拉**

👤 **莎士比亞**
（西元 1564 ～ 1616 年）
英國最偉大的劇本作家，創作了《哈姆雷特》、《李爾王》、《羅密歐與茱麗葉》等諸多作品。

👤 **李奧納多·達文西**
（西元 1452 ～ 1519 年）
文藝復興時期最具代表性的博學天才。在繪畫、雕刻、建築、哲學等各領域皆有所成就，繪畫方面以〈最後的晚餐〉和〈蒙娜麗莎〉最為有名。

[4] 西元1265～1321年。義大利詩人。嚴屬批判神職人員的弊端。
[5] 西元1313～1375年。義大利作家。代表作《十日談》對喬叟具有極大影響。
[6] 約西元1469～1536年。揭發天主教的腐敗內幕。
[7] 約西元1340～1400年。英國文學家，作品有《坎特伯里故事集》。
[8] 西元1469～1527年。佛羅倫斯的思想家兼政治家。在《君主論》一書中主張統一義大利。

▼佛羅倫斯的聖母百花大教堂

西元 1296 年開始建設，在西元 1436 年大致完成。圓形的八角屋頂相當有名。

©PPS通信社

▼聖彼得大教堂

位於現今梵蒂岡境內最壯觀的教堂。拉斐爾和米開朗基羅都曾為西元16世紀建築的部分盡一份心力。　學研資料課

斐爾[*10]因創作多幅聖母像而著名，低地諸國的范‧艾克兄弟改良了油畫的技法，德國的杜勒則創作了多幅版畫。

② 科學與技術的發展

　　在文藝復興及大航海風潮的影響下，許多嶄新的科學技術相應而生。相對於教會所支持的天動說（認為天體繞著地球運轉），哥白尼提出了地動說的主張。義大利的伽利略‧伽利萊因支持哥白尼的地動說而遭到宗教審判，德國的克卜勒則以理論證實了地動說的正確性。此外，義大利人改良了中國人發明的羅盤，讓航海範圍變得更廣。中國人發明的火藥被使用在槍械和大炮上，改變了戰爭的型態。德國的谷騰堡改良了活版印刷技術（→p.22），不僅讓《聖經》能大量印製，也對宗教改革（→p.24）造成極大的影響。

[*9]　西元1475～1564年。文藝復興時期最具代表性的雕刻家兼畫家。著名作品還有西斯汀禮拜堂的穹頂畫〈天地創造〉等。

[*10]　西元1483～1520年。文藝復興時期的畫家兼建築家，主要活躍於佛羅倫斯和羅馬。

哥白尼（西元 1473 ～ 1543 年）
波蘭天文學家兼神職人員。所謂的地動說，指的是認定地球等天體繞著太陽旋轉的學說。

谷騰堡（約西元 1400 ～ 1468 年）
約西元1450年開發出金屬活版印刷技術。

谷騰堡活版印刷技術及其影響

↑ 活版印刷所使用的活字
©PPS 通信社

　　羅盤、火藥及活版印刷技術都為世界帶來巨大的變化，因此合稱為「三大發明」。現在我們來看看其中的活版印刷到底帶來什麼影響。

1 谷騰堡的改良

　　在木塊或金屬塊上刻出字形，沾上墨水便可以重複印出相同的文字，這種工具稱為「活字」。將活字組合成活字版進行印刷的手法，便是「活版印刷」。德國的金屬工匠谷騰堡對這套活版印刷技術進行了改良，他成功調合活字材質的鉛合金，改善活字的鑄造技術，以煤灰為原料製作出油性墨水，並且將葡萄榨汁機改造成壓力印刷機。

↑ 現存四十八本谷騰堡版《聖經》中的一本
©PPS 通信社

接著，他利用這套設備在德國梅因茲開設了一家印刷廠。西元1455年前後，他開始以每頁四十二行的頁面格式印刷《聖經》，有四十五本印在羊皮紙上，另有一百三十五本印在紙上。谷騰堡版《聖經》目前世界上僅剩四十八本。除了《聖經》之外，谷騰堡也印刷過羅馬教宗的贖罪券、書信、月曆、文法書籍和宗教書籍等。

　　過去歐洲的書籍出版全仰賴手抄與木版印刷，自從出現了活版印刷技術後，書籍的出版數量有了爆發性的成長。

小知識 亞洲比歐洲更早出現活版印刷

　　世界最古老的活字出現於西元11世紀中葉的中國，是宋朝人畢昇所發明，當時使用的是陶器材質。到了西元13世紀，朝鮮人發明金屬材質的活字，豐臣秀吉侵略朝鮮時，將這套技術帶回日本。但是漢文的文字種類繁多，不像西歐字母只有寥寥數十個，因此有很長一段時間依然以木版印刷為主流。

2　文藝復興與活版印刷的關係

　　在谷騰堡改良了活版印刷技術後，歐洲開始盛行出版拉丁文《聖經》與百科全書。許多希臘、羅馬古典作品也獲得出版，並從阿拉伯文被翻譯成拉丁文。諸如地圖、解剖圖和動植物的圖畫也在社會上普及，促成文藝復興的風氣。

　　谷騰堡版的《聖經》採用哥德體活字，但後來也出現了使用羅馬體或義大利體活字的印刷書籍。新聞的傳單或小手冊也在很早的時期便有業者使用，吸引世人的目光。

活躍於文藝復興時期的威尼斯出版業者。出版過各種希臘、羅馬古典文學作品，懂得在每一頁上標注數字（頁碼），也曾出版過方便攜帶的袖珍版書籍。

©PPS 通信社

↑ 阿爾杜斯・馬努提烏斯
（約西元 1450 ～ 1515 年）

3　德文《聖經》的出版

　　活版印刷術對宗教改革（→p.24）也造成極深遠的影響。西元1517年，馬丁・路德發起宗教改革運動，他以拉丁文寫下的《九十五條論綱》被翻譯成德文並印刷出版，在歐洲廣為流傳。

　　路德自己也發行過各式各樣的宣傳手冊。西元1522年，他將拉丁文《聖經》翻譯成德文後印刷出版。

　　路德出版德文《聖經》

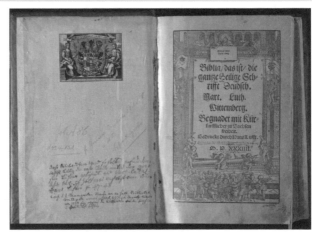

↑ 馬丁・路德翻譯的德文版《聖經》　　©PPS 通信社

的舉動不僅讓宗教改革風氣擴散至全德國，而且提高了一般德國百姓的識字率，為德文的廣泛使用奠定了基礎。

4 宗教改革

> 宗教改革肇因於世人對天主教的批判。在宗教改革之後,教會(廣義的基督教)分裂為天主教和新教兩派。

宗教改革是怎麼開始的?

① 宗教改革肇因於天主教的腐敗

梅迪奇家族出身的羅馬教宗**李奧十世**[*1]為了籌措修建聖彼得大教堂的資金,開始販賣贖罪券[!],並聲稱只要買了贖罪券,過去所犯的罪過全部都能一筆勾銷。這種贖罪券在德國賣得特別好[*2]。

▼販賣贖罪券的景象
©PPS 通信社

② 路德與喀爾文的宗教改革

用語解說

(!) 贖罪券

證明罪過將可獲得原諒的文件。天主教為了籌措教堂修築經費開始販賣此券,因而遭馬丁・路德等人批評太過腐敗。

[*1] 在位期間西元1513~21年。梅迪奇家族出身,義大利文藝復興運動的贊助者。為了籌措聖彼得大教堂的修築經費而允許販賣贖罪券,引發宗教改革運動。

[*2] 羅馬教宗李奧十世為修築大教堂而與德國的高利貸商人富格爾聯手,向農民販賣贖罪券。

馬丁・路德(西元1483~1546年)以《論基督徒的自由》一書批判天主教會,因而遭羅馬教宗認定為異端。

[*3] 在位期間西元1519~56年。同時以查理(卡洛斯)一世的身分兼任西班牙國王。為了對抗德國諸侯和法國傷透腦筋。

西元1517年,德國出身的馬丁・路德以**《九十五條論綱》**一文對教會販賣贖罪券的做法大加抨擊。路德主張要讓靈魂獲得救贖只能透過相信基督的福音(福音信仰),這樣的觀點獲得許多支持。西元1521年,羅馬教宗下令將路德開除教籍。接著,神聖羅馬帝國皇帝**查理五世**[*3]也對路德提出嚴厲警告,但路德沒有屈服,並在薩克森選帝侯的庇護下完成《聖經》的德文譯本。西元1524年,支持路德思想的閔采爾率眾發動**德國農民戰爭**[*4],提出廢

除農奴制度的要求，但遭到領主以武力鎮壓，閔采爾亦遭到處決。支持天主教（舊教）立場的查理五世下令嚴禁路德派思想，路德派為此提出抗議，因而得到「抗議者」稱呼，這就是後來的基督新教。西元1555年的《奧格斯堡和約》[*5]之後，德國諸侯才獲得了選擇路德派的自由。

除此之外，**慈運理**[*6]在西元1523年於瑞士發動宗教改革；喀爾文亦在西元1541年於日內瓦發動宗教改革。喀爾文主張靈魂的救贖是神的預定事項（**預定說**），因此世人必須恪守禁慾與勤勉的美德，這套思想廣泛受到西歐工商業者接納。

❸ 英格蘭的宗教改革

英格蘭國王**亨利八世**[*7]為了解決離婚問題，在西元1534年公布《至尊法案》，宣布脫離天主教的掌控。其後**伊莉莎白一世**[*8]又公布了《統一法案》[*9]，讓**英格蘭國教會**[*10]的立場更加鞏固。

舊教對宗教改革有什麼反應？

❶ 耶穌會

隨著宗教改革的發展，天主教會內部也出現重新振作的聲浪，這股浪潮被稱為「**反宗教改革運動**」。西元1545年的特倫托會議重新審視教宗的權限，並決定要肅清教會內部的腐敗風氣。此外，**耶穌會**[*11]也在西元1534年由西班牙的**依納爵‧羅耀拉**[*12]

[*4] 西元1524～25年。受路德思想鼓舞的農民們發起的抗爭，主要訴求為廢除稅制與農奴制。路德剛開始時表示同情，但後來改為批評農民的行徑。

[*5] 承認路德派的正當性，但不承認個人信仰自由與喀爾文派。

[*6] 西元1484～1531年。對教義的看法與路德不同。

👤 **喀爾文**（西元 1509 ～ 1564 年）
法國出身，主張福音主義。英格蘭的清教徒、法國的胡格諾派、低地諸國的丐軍都屬於喀爾文派信徒。

[*7] 在位期間西元1509～47年。英格蘭都鐸王朝國王。想要與妻子凱薩琳離婚，卻得不到羅馬教宗的許可，因而與天主教對峙。

[*8] 在位期間西元1558～1603年。英格蘭都鐸王朝女王。

[*9] 西元1558年公布，其中規定了禮拜和祈禱的儀式。

[*10] 教會受國家控制，英格蘭國王為最高領導者。但祭禮等各方面儀式都保留了天主教的做法。

[*11] 創立於西元1534年的修道會，在西元1540年獲得羅馬教宗認可。為了對抗新教而積極從事海外傳教活動。

[*12] 約西元1491～1556年。西班牙貴族軍官出身，與沙勿略等六人一同創立了耶穌會。

▼ **耶穌會的創設者們**
©PPS 通信社

右方為羅耀拉，中央為沙勿略。

▼特倫托會議

©PPS 通信社

與方濟‧沙勿略👤等人的推動下成立。耶穌會在傳教活動上相當積極，成功讓天主教進入南歐、南德等地區。

不僅如此，耶穌會還派出傳教士前往美洲與亞洲，在海外進行傳教活動（→p.27）。西元1549年，沙勿略抵達日本九州，在地方大名（領主）庇護下進行傳教，有些大名也曾接受洗禮。

❷ 獵巫運動

宗教改革讓新舊兩派變得壁壘分明，也讓雙方的信仰逐漸失去寬容心。

到了西元16世紀，一股名為獵巫運動的異端迫害浪潮越來越激烈，至少造成十萬人遭殺害，且大多為女性。

▼獵巫運動

©PPS 通信社

耶穌會的世界傳教活動

西元1517年宗教改革運動興起後，路德派、喀爾文派、英格蘭國教會等各新教流派脫離天主教會。天主教會內部基於危機意識的驅使，也出現自我革新的反宗教改革聲浪，成立於西元1534年的耶穌會與其活動正是其中的一環。

1 耶穌會的成立與活動

©PPS 通信社

↑ 依納爵・羅耀拉

西元1534年，依納爵・羅耀拉帶領方濟・沙勿略等六名同伴在巴黎的聖丹尼教堂裡組成耶穌會。羅耀拉和沙勿略都是西班牙少數民族巴斯克族的名門貴族子弟。羅耀拉曾經從軍，後來進入巴黎大學攻讀哲學和神學，他邀約一些大學學生共同組成耶穌會，目的在於藉由改革、教育與傳教等方式讓在歐洲逐漸式微的天主教重振聲勢。

羅耀拉在義大利獲得羅馬教宗認可之後，將會員派往歐洲各地設立學校。由於這些會員都具備高度的學識涵養，因此在各地受到敬重。即使在盛行新教的德國南方與波蘭等國，天主教勢力也有東山再起的趨勢。耶穌會創設的學校一方面基於文藝復興的影響而投注心力在古典文學研究；另一方面則發展天主教神學（經院哲學）。此外，羅耀拉為了提升會員的精神素質，鼓勵會員們進行冥思。

2 在美洲大陸的傳教活動

©PPS 通信社

↑ 南美傳教站遺跡

耶穌會不斷地將優秀的傳教士派往世界各地傳教。抵達南美洲巴西的傳教士一邊傳教和教授知識，一邊協助建立城鎮。在墨西哥，同樣也出現許多傳教站。為了保護改信基督的印第歐（美洲原住民）不被奴隸商人擄走，他們還在巴西與巴拉圭等地建立保護區。

3 在日本的傳教活動

西元1542年，沙勿略和他的同伴們受葡萄牙國王委託，前往當時為葡萄牙殖民地的印度果亞。後來沙勿略又前往馬六甲（馬來西亞），在那裡遇到日本鹿兒島出身的日本人，因而開始對日本產生興趣。西元1549年，沙勿略自鹿兒島登陸日本，開始

↑ 沙勿略登陸紀念碑（日本鹿兒島市）
©PPS 通信社

進行傳教活動。他為了取得在日本傳教的正式許可，動身前往京都想要晉見日本天皇與將軍，但沒有達到目的。之後，他曾在日本山口創辦教會，又曾在大名（領主）大友宗麟的支持下於大分傳教。後來他一度回到果亞，在西元1552年前往中國傳教的途中過世。

4 在中國的傳教活動

西元1582年，利瑪竇抵達中國（當時為明朝）。為了傳教，他不僅身穿儒士服裝，取了中國名字，而且使用佛教或道教的用語來解釋教義。由於利瑪竇與他的同伴擁有豐富的天文學、數學及曆法知識，因而受到皇帝賞識。有些耶穌會傳教士甚至成為宮廷畫家，例如郎世寧。到了西

↑ 宣武門天主堂（南堂）
©PPS 通信社
中國北京最古老的教堂。最初創建者為利瑪竇，但經過德國耶穌會傳教士的重建，才成為現今外觀。

元17世紀後期，許多中國人都已成為天主教信徒。但在傳教上晚了一步的道明會與方濟會成員卻向羅馬教宗告狀，指稱耶穌會「縱容中國信徒舉行異教儀式（指祭拜孔子及祖先）」，因而引發一場論戰。最後羅馬教宗下令禁止中國信徒舉行相關儀式，中國（當時為清朝）皇帝的回應為「不歡迎否定中國禮儀的傳教士」。在這樣的背景下，清朝於西元1724年全面禁止基督教組織在中國傳教（→p.39）。

5 蒙兀兒帝國與歐亞貿易

> 西元16世紀的印度出現了一個伊斯蘭國家，名為蒙兀兒帝國。在這個時期，歐洲與亞洲之間的貿易越來越頻繁。

蒙兀兒帝國是如何發展的？

1 蒙兀兒帝國的建立

帖木兒的子孫**巴卑爾***1在西元16世紀入侵印度北方，在西元1526年擊敗洛迪王朝*2，為**蒙兀兒帝國**奠定了基礎。第三代皇帝阿克巴定都亞格拉，將蒙兀兒帝國*3整頓為中央極權國家。

2 印度伊斯蘭文化的發展

阿克巴成功融合印度教與伊斯蘭，大幅提升國家政局的安定。他不僅親自娶印度教的女子，而且廢除對非穆斯林課徵的**人頭稅***4（或音譯為吉茲亞）。在這樣的政治背景之下，雙方文化快速融合，誕生了印度伊斯蘭文化。宗教方面出現了迦比爾*5、拿那克*6（**錫克教***7創始人）等人物；繪畫方面盛行細密畫；建築方面則以**泰姬瑪哈陵**為代表。當時作為官方語言的波斯語和印度方言互相影響，形成烏爾都語，如今成為巴基斯坦的國語。

3 蒙兀兒帝國的瓦解

蒙兀兒帝國的疆域在第六代皇帝奧朗則布時期達到最大。但奧朗則布著重伊斯蘭信仰，不僅恢復人頭稅，還下令

阿克巴
（在位期間西元1556～1605年）
建立官吏與軍隊組織系統，並藉由丈量土地改革稅制，為蒙兀兒帝國奠定國家的基礎制度。

*1 在位期間西元1526～1530年。蒙兀兒帝國的第一代皇帝。在戰爭中敗給烏茲別克族，因此將根據地轉移至喀布爾。

*2 西元1451～1526年。德里蘇丹國的最後一個王朝。由阿富汗裔的各部族聯合而成。

*3 西元1526～1858年。統治印度的伊斯蘭王朝。名稱源於「蒙古」這名稱。從阿克巴到奧朗則布的統治期間為全盛時期，西元18世紀後勢力逐漸衰退。

*4 非穆斯林的成年男性必須負擔的稅金。對象並不包含婦女、孩童和老人。

*5 約西元1440～1518年。企圖將伊斯蘭與印度教合而為一。

*6 西元1469～1538年。創設了一神教信仰與否定偶像崇拜的錫克教。

*7 融合印度教與伊斯蘭的新宗教。否定偶像崇拜、無謂苦行與卡斯特制度（種姓制度）。

*8 約西元17世紀中葉～1818年。由對抗伊斯蘭勢力的希瓦吉所建立的印度教王國。

用語解說

細密畫
伊朗畫家所畫的精緻繪畫，畫於羊皮紙、紙、象牙板或木板上。

血 泰姬瑪哈陵

學研資料課

蒙兀兒帝國皇帝
沙迦罕為皇后建
造的陵墓，高約
60公尺，位於亞
格拉，為印度伊
斯蘭文化的代表
性建築物。

破壞印度教寺廟，因而引發農民反抗。印度西方出現了崇尚印度教的國家**馬拉地帝國***8，奧朗則布死後，蒙兀兒帝國便逐漸步上滅亡之途。

歐洲與亞洲如何進行貿易？

❶ 葡萄牙勢力擴張

　　葡萄牙憑藉著海軍優勢，在西元1511年占領了**馬六甲王國***9。馬六甲王國的部分勢力轉移陣地，持續反抗葡萄牙。同時穆斯林商人們也跟著轉移據點，**亞齊王國***10、**馬打藍王國***11等伊斯蘭國家因而成為貿易中心。**大城王國***12（泰國）及**東吁王朝***13（緬甸）也因鹿皮、稻米等特產品成為熱門貿易地區。

❷ 西班牙勢力擴張

　　西班牙自西元16世紀後期開始侵略菲律賓，並以馬尼拉作為貿易據點。當時的西班牙商隊使用體積龐大的加利恩帆船⑭，利用太

👤 **奧朗則布**
（在位期間西元 1658 ～ 1707 年）
將印度南部納入統治，使蒙兀兒帝國的疆域達到最大的君主。伊斯蘭順尼派的信徒。

*9 西元14世紀末期建立於東南亞的伊斯蘭王國。後來逐漸發展為穆斯林商人與中國商人進行貿易的據點。

*10 西元15世紀末期建立於蘇門答臘島的伊斯蘭王國。滅亡於西元1912年。

*11 西元16世紀末期建立於爪哇島的伊斯蘭王國。

*12 西元1351～1767年。由現今泰國人建立的王國，首都為大城。因位於曼谷的水路交通要衝而繁榮，後遭緬甸貢榜王朝消滅。

*13 西元16世紀建立於緬甸的王國。西元16世紀後期將現今泰國、寮國等地區納入疆域。

▼加利恩帆船
©PPS 通信社

用語解說

📖 加利恩帆船

出現於西元16世紀前期。擁有多根船桅，並裝設了大炮。西班牙便是靠著大型的加利恩帆船自殖民地搬運資源及財寶。

*14 在墨西哥鑄造的大型銀幣，曾在世界上廣為流通。廣義上指的是來自拉丁美洲的銀幣。

平洋航路將**墨西哥銀幣***14自阿卡波可運往馬尼拉（→p.40），收購中國的陶瓷器、絲綢、印度的棉布等特產品。在這樣的貿易模式下，墨西哥銀幣大量流入中國。

❸ 日本、荷蘭、英國的狀況

日本的**朱印船**（→p.34）頻繁地前往菲律賓、泰國、越南等地進行貿易。由於辛香料□在歐洲的需求量極大，英格蘭和荷蘭為了取得辛香料分別設立了東印度公司□，與東南亞進行貿易。

用語解說

📖 辛香料

歐洲人首次接觸辛香料，是拜十字軍東征所賜。因辛香料可用來保存魚或肉，成為歐洲人不可或缺的生活必需品。

📖 東印度公司

歐洲各國為了與亞洲進行貿易及經營殖民地而設立的特許公司。

▼日本的朱印船
©PPS 通信社

朱印船指的是持有朱印狀（江戶幕府核發的貿易許可狀）的商船，船主多為大名（領主）或商人。

6 明朝、清朝與東亞

在明朝和清朝時代，國際交流變得熱絡，中國在亞洲建立起朝貢體制。

明朝是什麼樣的朝代？

1 明朝初期的政局

中國在西元1351年發生**紅巾軍起義**[*1]，群雄紛紛響應。西元1368年，**朱元璋**[*2]建立明朝，是為洪武帝。他定都南京，將元朝勢力驅逐回蒙古高原。統一中國後，他推動獨尊皇帝的政治制度，讓**六部**[*3]成為直屬於皇帝的部門。此外，他建立**里甲制**[*4]，重新整頓農村，製作**賦役黃冊**[*5]和**魚鱗圖冊**[*6]，並對百姓公布**六諭**[*7]。在軍事方面，他建

[*1] 由佛教宗派之一的白蓮教所發起的農民起義，一直持續到西元1366年。義軍頭上都綁紅色頭巾，因此稱為紅巾軍。

[*2] 在位期間西元1368～98年。出生於貧農之家，在紅巾軍起義中嶄露頭角。

[*3] 中央行政機關，分為吏部、戶部、禮部、兵部、刑部和工部。這套制度一直沿用到清朝。

[*4] 農家以一百一十戶為一里，富裕農家以外的一百戶又分為十甲，各戶皆負連帶責任。

[*5] 稅賦帳簿。由於封面為黃色，故稱黃冊。

[*6] 土地登記簿冊。由於土地分界圖看起來像魚鱗，故稱魚鱗圖冊。

[*7] 指六條令百姓服從恭順的準則，包含孝順父母、尊敬長上等。

▼西元 15 世紀的明朝

瓦剌

韃靼

女真

東察合臺汗國
（1389年滅亡）

帖木兒帝國

西藏

北京

朝鮮（李氏朝鮮）

日本
（室町時代）

圖格魯克王朝

賽義德王朝

洛迪王朝

古加拉特

巴赫曼尼蘇丹國

緬甸

明朝

南京

寧波

杭州

廣州

泰國
（大城王國）

黎朝大越國

☐ 明朝最大疆域（永樂帝時期）

立**衛所制**[8]，實施禁止民間貿易的**海禁政策**[9]。洪武帝過世後，西元1399年發生了**靖難之役**[10]，**永樂帝**即位。永樂帝定都北京，派出**鄭和**[11]遠征南海，要求諸國向明朝進貢。

② 明朝的朝貢世界

周邊國家向明朝進貢，明朝會回贈禮物，這個關係逐漸演變為貿易行為，稱為朝貢貿易。以東亞地區為主，琉球[12]、馬六甲王國[13]、朝鮮、越南的黎朝[14]等國家都曾與明朝進行朝貢貿易。

③ 倭寇的橫行

這個時期自朝鮮半島至中國一帶不少海盜橫行，這些海盜被稱為**倭寇**。此外，日本室町幕府第三代將軍足利義滿獲明朝封為「日本國王」，開始與明朝之間的**勘合貿易**。

④ 李氏朝鮮的建立

李成桂消滅高麗，在西元1392年稱王，定國號為**朝鮮**，是為朝鮮太祖。李氏朝鮮首都為漢城（現今首爾），崇尚朱子學，國力在西元15世紀最為強盛。「**訓民正音**」[15]（朝鮮文字）亦是在李氏朝鮮時期制定。

[8] 模仿唐朝制度，一衛約五千六百人。

[9] 指限制海上交通與貿易。明、清兩朝皆採取這項政策。

[10] 一場爭奪皇位的戰爭。燕王起兵反叛第二代皇帝建文帝，篡位後是為永樂帝。

[11] 信奉伊斯蘭的宦官。在靖難之役中立功，獲永樂帝重用。

永樂帝
（在位期間西元 1402 ~ 24 年）
明朝第三代皇帝。採取獨裁統治，對外政策相當積極，亦曾修築長城。

[12] 西元1429年建立於琉球群島的海洋王朝。

[13] 西元14世紀末期~1511年。馬來半島上的伊斯蘭國家。

[14] 西元1428~1527年、1532~1789年。藉由採行明朝制度而增強國力。

李成桂
（在位期間西元 1392 ~ 98 年）
因擊退倭寇而聲名遠播，在西元1388年發動政變，沒收高麗貴族的私有土地，就此掌握大權。

[15] 原意為「教化百姓的正確讀音」，即朝鮮文字。

▼ 倭寇
《倭寇圖卷》東京大學史料編纂所藏

明朝官軍（左）倭寇（右）正在交戰。

⑤ 朝貢體制的瓦解

　　明朝長期受到北方的蒙古人和南方的倭寇侵擾，兩者合稱為**北虜南倭**。西元15世紀中葉，蒙古部族組成的**瓦剌**發動**土木堡之變**[16]，其後明朝為了抵禦蒙古族入侵而開始修築萬里長城。西元16世紀，國際通商越來越頻繁，明朝於是允許百姓自行與外國貿易，日本銀幣、墨西哥銀幣因而在中國流通。

明朝後期的東亞是什麼狀況？

① 明朝後期社會與東亞局勢

　　明朝後期開始發展工商業，主要輸出物為**陶瓷器**和**蠶絲**。長江下游流域盛行栽種棉花和桑樹，中游流域的**湖廣地區**[17]則成為穀倉地帶。在《**一條鞭法**》[18]的改革下，納稅只能以銀幣支付，商人與**鄉紳**[19]也開始往城市聚集。

　　在西元16世紀末期，日本**豐臣秀吉**攻打朝鮮[20]，朝鮮將軍**李舜臣**獲得明軍援助，擊退日軍。其後日本**德川家康**推動**朱印船貿易**[21]，東南亞各地因而出現**日本村**[22]。後來日本限制對外貿易地點與國家，長崎是開放對荷蘭與清朝貿易的港口，對馬島是開放與朝鮮貿易的港口，薩摩（鹿兒島）則是對琉球貿易的港口。

② 明朝滅亡

　　在中國的東北地方，**努爾哈赤**[23]統一**女真族**[24]，於西元1616年即位為汗，建立後金國，並制定**八旗**[25]等組織制度。第二代君主**皇太極**（清太宗）[26]征服內蒙古，在西元1626年稱

[16] 明朝第六代皇帝正統帝（明英宗）在土木堡（河北省北部要衝）遭瓦剌軍俘虜的事件。

[17] 位於長江中游流域。諺語稱「湖廣熟，天下足」。

[18] 為了防止弊端而限制只能以銀納稅的稅法。

[19] 地方名望人士，多為科舉及格或曾任官的人。

[20] 西元1592～93、1597～98年。因朝鮮拒絕擔任攻打明朝的前鋒，豐臣秀吉發兵攻打朝鮮。

👤 **李舜臣**（西元1545～98年）朝鮮的英雄人物。曾改良龜甲船，建立強大的朝鮮水軍。

[21] 只有獲得江戶幕府核發的朱印狀（航海許可證）才能進行貿易的制度。

[22] 因朱印船貿易而遷居南方的日本人，在該地建立且獲得自治權的村落。

[23] 在位期間西元1616～1626年。清朝的開國君主，姓氏為愛新覺羅。

[24] 在中國東北地方過著狩獵與農耕生活的民族。

[25] 將軍隊分為八隊，各自使用不同顏色的旗幟。滿州的成年男子都會被分配在八旗中。

[26] 在位期間西元1626～43年。努爾哈赤的第八個兒子。

[27] 西元1525～82年。因改革過於嚴苛而引來怨恨。

[28] 在位期間西元1572～1620年。明朝第十四代皇帝。因不理政務，導致國勢衰微。

[29] 西元1606～45年。藉由減免賦稅等口號獲得農民支持。

帝，西元1636年改國號為清。在明朝，**張居正***27改革讓財政暫時恢復穩定，但到了**萬曆帝***28時期，國力已一蹶不振，最後在西元1644年因**李自成***29叛亂而滅亡。

清朝採行什麼樣的政治？

❶ 清朝的建立

　　明朝滅亡後，明將**吳三桂***30降清，清軍擊敗李自成，以北京為據點迅速拓展勢力。吳三桂等三名漢人將軍被封為南方雲南、福建、廣東等地的藩王，合稱為「三藩」。西元1673年，吳三桂帶頭發起三藩之亂，遭第四代皇帝康熙帝平定。康熙帝接著擊敗臺灣的鄭成功勢力，在西元1683年將臺灣納入清朝疆土。

❷ 清朝的統治

　　清朝全盛時期在**康熙帝**、**雍正帝***31、**乾隆帝***32這三代。清朝延用明朝科舉等制度，積極推廣儒學。在軍事方面，朝廷將滿*33、漢、蒙三軍分編為八旗，命其駐屯於各地，又以漢人士兵組成**綠營***34，雍正帝則設置**軍機處***35，作為皇帝的諮詢機構。學術方面，朝廷下令編纂**《康熙字典》***36、**《古今圖書集成》***37、**《四庫全書》***38等書籍。

　　在統治漢人的做法上，清朝採取恩威並施的政策，一方面錄用漢人為官吏，一方面以**文字獄***39打壓反抗勢力，並強迫男性漢人像滿人一樣留辮髮*40。

*30 西元1612～1678年。在明朝滅亡後協助清軍占領北京。受封為雲南藩王，其後發動三藩之亂。

👤 **康熙帝**（在位期間西元1661～1722年）在位期間超過六十年，建立了穩定的政局。

👤 **鄭成功**（西元1624～62年）明朝將軍。起初以廈門為據點對抗清軍，在西元1661年占領臺灣，但隔年即病逝。

*31 在位期間西元1722～35年。致力於整肅綱紀與思想箝制。

*32 在位期間西元1735～95年。在國內推動文化事業，外交上則致力於擴張版圖。

*33 即滿州（又作滿洲）。努爾哈赤統一建州部後取的名稱。

*34 兵力約六十萬，原為明朝軍隊，經重新編制後成為八旗的輔助兵力。

*35 清朝政府的最高機構，目的在於維持軍事機密。

*36 將超過四萬個漢文字依部首、筆畫排列，是中國最具代表性的字典。

*37 完成於雍正帝時代。中國最大的百科全書，內文超過一萬卷。

*38 將當時書籍分成四類的叢書，由乾隆帝編纂。

*39 箝制言論和思想自由的政治迫害。任何對清朝或滿州抱持不滿的人都會遭到處刑。

*40 滿州人的習俗。將頭髮剃掉一部分，剩下的頭髮綁成辮子。

清朝如何擴張勢力？

　　西元17世紀起，清朝的統治版圖逐漸擴大。康熙帝與俄國皇帝在國界問題上締結了**《尼布楚條約》**[*41]。到了雍正帝時代，又簽訂《恰克圖條約》，劃定蒙古地區北方邊界。同時清軍擊敗了**準噶爾部**[*42]，獲得外蒙古的統治權。在乾隆帝時代，清朝完全消滅準噶爾部，占領東突厥斯坦，命名為**新疆**（新領土之意）。清朝將蒙古、西藏、新疆等地設為**藩部**，由**理藩院**[*43]管轄。

　　朝鮮也在西元1637年受清朝侵略而臣服，但朝鮮的儒學家認為唯有朝鮮傳承了自明朝以來的中國傳統文化（小中華思想）。

　　琉球王國雖遭日本薩摩藩島津氏擊敗，卻同時臣服於清朝，成為日、清雙方的從屬國。這個時期的日本，以長崎為門戶，持續與清朝進行貿易。

[*41] 西元1689年，由康熙帝與俄國彼得一世簽訂。國界對清朝有利，俄國被視為清朝的朝貢國。

[*42] 在西元17～18世紀中葉，勢力擴大至外蒙古、西藏一帶。

[*43] 皇太極（清太宗）時期為了治理新征服的藩部而設置的行政機關。

▼蒙古帝國的疆域（西元18世紀）

清朝最大疆域（乾隆帝時期）
清朝直轄地

俄羅斯帝國

喀爾喀部　　察哈爾部

準噶爾部　　　　　　　　　朝鮮（李氏朝鮮）

回部　　　　　　　北京

西藏　　　　南京　　　　日本（江戶時代）

清朝

馬拉地帝國　　　廣州

清朝的社會局勢如何？

　　清朝在平定三藩之亂、占領臺灣後，國家恢復安定。海外貿易也變得熱絡，中國商人搭乘**戎克船**[*44]往來於海外各地，來到中國的歐洲人也相當多。貿易越來越興盛，中國輸出蠶絲、茶葉、**陶瓷器**（→p.34）等特產品，大量外國**銀幣**流入中國。

　　有些廣東居民無視清朝的禁令，移居至東南亞，成為南洋華僑[⊔]。西元18世紀中葉，乾隆帝限

▼使用五彩技術的陶瓷器

©PPS 通信社

制歐洲商船只能由廣州進入中國，並將海外貿易交由公行*45（商人公會）管理。

英國曾派**馬戛爾尼***46、**阿美士德***47等外交官向清朝請求放寬貿易限制，但沒有成功。

隨著中國人口增加，農民開墾山林，種植從美洲傳來的玉米、馬鈴薯等新農作物。但農田數量太少，無田可耕的農民越來越多。

此外，為了簡化稅賦制度，清朝採用**地丁合一制***48，將原本的丁稅（人頭稅）納入地銀（土地稅）之中。

▼馬戛爾尼晉見乾隆帝

©PPS通信社

左為乾隆帝，右為馬戛爾尼。

用語解說

📖 南洋華僑

指移居海外的中國人。清朝人口增加，不少百姓移居海外。華僑特別注重中國人之間的交流。

*44 遠洋航海用的中國木造帆船，特徵為四角帆與平坦的船底。

*45 指擁有特權的商人組成團體，在廣州負責徵收關稅的工作。

*46 西元1737～1806年。英國政治家兼外交官。西元1793年向乾隆帝提出改善貿易條件的請求，但沒有成功。

*47 西元1773～1857年。繼馬戛爾尼之後，於西元1816年請求改善貿易條件，但因拒絕對皇帝行臣禮，交涉再次失敗。

*48 又作「地丁銀」、「攤丁入地」，制定於清朝的稅賦制度。由於貧困農民增加，不實申報的弊端也大增，丁稅的徵收變得窒礙難行，因此乾脆將丁稅納入地銀之中，成為單一稅。

明朝、清朝有什麼樣的文化？

① 明朝的文化

明朝盛行木版印刷，許多書籍流傳甚廣。百姓喜歡閱讀《三國演義》、《西遊記》、《水滸傳》、《金瓶梅》等小說*49，也喜歡聆聽說書和看戲。

西元16世紀初期，王守仁（王陽明）對朱子學提出批判，他主張「心即是理」（正道存在於每個人心中）及「知行合一」（依照內心真正的想法採

👤 王守仁（王陽明）
（西元1472～1528年）
明朝政治家兼思想家。曾因反對宦官擅權而遭貶官。

*49 這四部小說合稱為「四大奇書」。

取行動），這套理論被後人稱為**陽明學**，在眾多學者和庶民之間流傳開來。

明朝文化的一大重要特色，在於世人對科學技術的關心。**李時珍**[*50]的《**本草綱目**》、**宋應星**[*51]的《**天工開物**》、徐光啟的《**農政全書**》等科學技術類書籍皆在這個時期出版，對日本造成影響。

其背後的理由，就在於西元16世紀中葉後，天主教耶穌會陸續派出傳教士到亞洲各地。西元16世紀末期，利瑪竇等傳教士一方面在中國傳教，一方面將歐洲的科學技術帶進中國。許多**士大夫**[*52]對這些知識抱持相當大的興趣，改信基督的士大夫也不少。例如利瑪竇所繪製的《**坤輿萬國全圖**》，開拓了中國人的地理知識。此外，利瑪竇還在徐光啟的協助下發行《**幾何原本**》[*53]。

徐光啟（西元 1562～1633 年）
明朝末年政治家兼學者。著有《農政全書》，並與湯若望（→ p.39）合編《崇禎曆書》，並翻譯了《幾何原本》。

利瑪竇（西元 1552～1610 年）
義大利出身的耶穌會傳教士。一方面在中國宣揚天主教，一方面推廣西洋的地理學和天文學。

[*50] 約西元1523～96年。明朝的醫師、藥學家。一邊為民眾治病，一邊進行研究。

[*51] 約西元1590～1650年。以地方官員的身分致力於產業研究。

[*52] 擁有儒學教養的政治家。士大夫的意思類似知識分子。

[*53] 希臘數學家歐幾里得《幾何學原本》的漢譯本，在西元 1607 年完成。

顧炎武（西元 1613～82 年）
活躍於明朝至清朝的思想家。考證學的創始者之一。

② 清朝的文化

明朝末期至清朝初期，顧炎武認為採用實證手法進行研究有助於恢復社會秩序。在他的推動下，考證學得以發展，學者們開始對儒學經典進行嚴謹的研究。《**紅樓夢**》、《**儒林外史**》等長篇小說以細膩的文筆描繪出上流階

▼利瑪竇與徐光啟

左為利瑪竇，右為徐光啟。徐光啟不僅學習西洋科學技術，且改信基督。利瑪竇在傳教時身穿儒士服裝，企圖融合天主教與中華文化。
©PPS 通信社

▼《坤輿萬國全圖》

西元1602年印行於北京。以中國為世界的中心。此地圖對當時東亞知識分子造成極大影響。
©PPS 通信社

層人士的生活模式。

　　明朝末年之後來到中國的耶穌會（→p.25）傳教士由於擁有專業技術，在清朝受到重用。例如，改良曆法的**湯若望***54和**南懷仁***55；為**圓明園***56的設計提供協助的**郎世寧***57；製作中國地圖《**皇輿全覽圖**》*58的**白晉***59等人，都是耶穌會的傳教士。清朝願意接納這些耶穌會的傳教士，是因為這些傳教士相當尊重中華文化，且他們允許中國的信眾舉行祭拜孔子與祖先的禮儀（儀式）。

　　然而，與耶穌會理念不合的會派卻向羅馬教宗告狀，因而引發**禮儀之爭***60。教宗認定耶穌會傳教士的傳教方式並不適當，康熙帝得知此事後勃然大怒，下令禁止耶穌會以外的傳教士在中國傳教。到了西元1724年，雍正帝又下令全面禁止所有基督教組織在中國傳教。

　　另一方面，在傳教士們口耳相傳下，歐洲人開始對中國制度及文化抱持興趣。例如，英、法兩國的高等文官考試制度，便是參考中國的科舉制度。此外，朱子學對德國哲學家萊布尼茲、法國思想家伏爾泰等人造成影響。

　　藝術方面，中國風格*61的創作開始流行。

*54 西元1591～1666年。德國出身。在明朝末年編纂《崇禎曆書》。進入清朝後，曾參與曆法制定與大炮製造。

*55 西元1623～88年。比利時出身。製造了為數眾多的大炮。

*56 清朝的行宮。巴洛克藝術風格的建築物與噴水池相當有名。在第二次鴉片戰爭（西元1856～60年）中，圓明園遭英法聯軍徹底掠奪與破壞，如今僅存遺址。

*57 西元1688～1766年。義大利出身。以宮廷畫家身分歷經康熙、雍正、乾隆三朝。曾參與圓明園中的洋館設計。

*58 中國第一幅經過實際丈量的全國地圖。在西元1717年完成，兩年後上獻給康熙帝。

*59 西元1656～1730年。法國出身。著有《康熙帝傳》一書，讓歐洲人對康熙帝的為人有一定程度的理解。

*60 天主教會各會派在中國國內的論戰。最大爭議點在於是否允許中國人舉行祭拜孔子之類的傳統儀式。

*61 指以中國風格的圖案或概念為主題的歐洲藝術。

▲**圓明園遺址**　　　　　　　　　學研資料課
位於北京市郊區的庭園。西元1764年由乾隆帝下令修築完成。

▲**中國風格的建築物**　　　　　　©PPS 通信社
俄羅斯的葉卡捷琳娜二世（或譯凱薩琳二世）下令建造的中國村景色繪畫。

串聯世界的銀

　　自西元15世紀進入大航海時代後，美洲大陸便有大量的銀流入歐洲。同一時刻，日本的銀也正流入中國。這時期的世界，彷彿被銀串聯在一起。

↑ 銀製茶具
毒藥（例如砒霜）會迅速與銀產生反應，因此以銀製餐具提供餐點，可以確保食物沒有被下毒。
©PPS 通信社

1 歐洲的價格革命

　　西元1545年，西班牙在南美洲發現波托西銀礦山（位於現今玻利維亞）。這裡的銀精煉後，大多經由西印度群島（現今古巴、多明尼加等國家）運回西班牙本土。由於大量的銀流入歐洲，造成通貨膨

↑ 以波托西銀礦山的銀製造的西班牙貨幣　　©PPS 通信社

脹（價格革命）。這個現象讓工商業變得活絡，農民的生活也隨之富裕，但靠收田租生活的領主卻遭受衝擊，封建式的身分制度也因此產生變化。

2 銀在亞洲的流通

　　西班牙在西元16世紀不斷將美洲大陸的銀經由墨西哥的阿卡波可運往菲律賓的馬尼拉。馬尼拉在當時是亞洲貿易集散地，這些銀大多都輾轉流入中國的廣州。此外，當時銀的產量占全世界三分之一的日本，在與中國貿易時也是以銀支付貨款。西班牙或葡萄牙與日本進行貿易，有時也是使用日本的銀。大量的銀在明朝與清朝時期流入中國，使得銀在中國成為地位與銅錢相同的正式貨幣。到了西元16世紀後期，中國的稅金都改為以銀繳納，還出現了依重量計算價值的馬蹄銀（銀錠）。銀不僅將世界串聯在一起，對每個地區也都造成深遠的影響。

國家圖書館出版品預行編目（CIP）資料

NEW全彩漫畫世界歷史・第6卷：文藝復
興與大航海時代／南房秀久原作；近藤二
郎監修；城爪草漫畫；李彥樺，卓文怡翻
譯.-- 初版.-- 新北市：小熊，2017.06
192面；15.5×22.8公分.
ISBN 978-986-94518-9-5 (精裝)
1.世界史　2.文化史　3.漫畫
711　　　　　　　　　　　　106008626

全彩漫畫

NEW 世界 World History 歷史 ⟨6⟩

文藝復興與大航海時代

監修／近藤二郎　漫畫／城爪草　原作／南房秀久　翻譯／李彥樺，卓文怡　審訂／翁嘉聲

總編輯：鄭如瑤｜文字編輯：蔡凌雯｜顧問：余遠炫（歷史專欄作家）
美術編輯：莊芯媚｜印務主任：黃禮賢

社長：郭重興｜發行人兼出版總監：曾大福
業務平臺總經理：李雪麗｜業務平臺副總經理：李復民｜實體通路協理：林詩富
網路暨海外通路協理：張鑫峰｜特販通路協理：陳綺瑩
出版與發行：小熊出版・遠足文化事業股份有限公司
地址：231 新北市新店區民權路 108-2 號 9 樓
電話：02-22181417｜傳真：02-86671851｜客服專線：0800-221029
劃撥帳號：19504465｜戶名：遠足文化事業股份有限公司
E-mail：littlebear@bookrep.com.tw｜Facebook：小熊出版
讀書共和國出版集團客服信箱：service@bookrep.com.tw
讀書共和國出版集團網路書店：http://www.bookrep.com.tw
團體訂購請洽業務部：02-22181417 分機 1132、1520

法律顧問：華洋法律事務所／蘇文生律師
印製：凱林彩印股份有限公司
初版一刷：2017 年 6 月｜初版十九刷：2022 年 11 月
定價：450 元｜ISBN：978-986-94518-9-5

Gakken Manga NEW Sekai no Rekishi 6Kan
Runesansu to Daikoukaijidai
© Gakken Plus 2016
First published in Japan 2016 by Gakken Plus Co., Ltd., Tokyo
Traditional Chinese translation rights arranged with Gakken Plus Co., Ltd.
through Future View Technology Ltd.

小熊出版官方網頁　　小熊出版讀者回函

世界歷史 對照年表 ②

● 這是一個能讓讀者大致掌握世界歷史脈動及演變的年表。為了能淺顯易懂，在國家與時期部分做了省略整理，並非全部羅列。

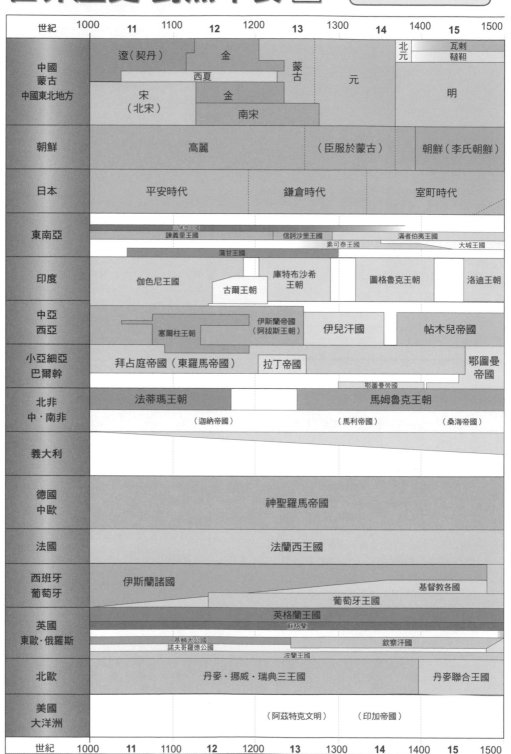